前川さん、すべて自邸でやってたんですね

前川國男のアイデンティティー

中田準一

彰国社

デザイン＝水野哲也（Watermark）
編集・制作協力＝佐藤雅夫

まえがき

前川國男さんは、東京帝国大学建築学科を卒業すると同時にパリに旅立ち、ル・コルビュジエのアトリエに入る。2年後の1930年(25歳)に帰国し、レイモンド事務所に入所。5年後の1935年10月1日、30歳で前川國男建築設計事務所を開設し、以後、1986年6月に他界する2週間前まで事務所に来られ、鉛筆を持っていた。

所員と前川さんとの関係は、前川さんとの出会いの時期によって異なる。30代の前川さんと60代の前川さんとは当然違い、どの時代に出会ったかによって、前川さんに対する印象も受けた影響も異なる。

私が前川さんに出会ったのは前川さん59歳の時で、それまでに生み出した建築作品が日本建築学会賞、建設業協会賞など数々の賞を得るほどに近代建築の発展に貢献し、京都会館・東京文化会館を完成させ、朝日文化賞をもらったあとの脂の乗り切った時期に当たる。

前川さんは「近代建築の発展に貢献」したということで第1回日本建築学会大賞を受賞した折に、受賞への謝意と同時に「目覚ましい建築技術の進歩が、建築をやさしくするどころか、逆に良い建築がますます生まれにくく、人間環境の改善の兆しどころか悪化の一途をたどっている」と戸惑う心境を語った。埼玉県立博物館が日本経済の絶頂期に完成した折にも、発注芸術である建築が中途半端な状態で産み落とされている社会状況に対し「中絶の建築に反省」のメッセージを投げかけ、時代の流れに棹を差し、自問自答していた。その生涯を通じて建築家の職能確立を願い、「建築家の設計報酬は、建築家の自由を保障するもの」と位置づけて公正取引委員会と対峙し、設計は信頼の下に行われるものであり、設計者の選定に当たって設計料の金額で競争する入札制度に反対し、いっさいの入札に応じなかった。

ある時前川さんは、倒れ掛かった壁を両手で支えるようなしぐさをして、「この腕の下を通る奴がいくらでもいるんだよ」と嘆いていた。

私の前川國男さんの下での建築修業は、晩年の1965年から他界される1986年までの21年間であり、その間、近代建築を牽引してきた闘将としての建築家前川さんは、おのれを突き動かしてきた理念が、急激に変化していく社会の状況とかけ離れていくことに落胆し、自分自身に対しても疑問を抱き、ついには寡黙になっていった。

前川さんの下での設計は、異なる世代でコアチームを組む場合が多く、前川さんはほぼ毎日事務所に来て各所員のところを回る。製図台に重なっているスケッチを繰りながら、赤・青の鉛筆で書き入れをしたり、時には「花は美しい、なぜかね」といったような一言を残して、次の席に立っていく。その一言についての解説はなく、前川さんの真意をつかもうと時にはチームで議論し、「お言葉」の真意を探りながら設計を進めていった。

私は前川さんの下で、埼玉会館の屋上庭園（エスプラナード）を皮切りに、順次、埼玉県立博物館・

熊本県立美術館・国立国会図書館新館等の設計に携わった。その過程で発せられた前川さんの謎めいた、含蓄のある一言、一言の真意が、経験を重ねるごとに見えてきたように思う。そして、前川さんの「お言葉」を解くカギが初期の作品「旧前川邸」にひそんでいたことを、前川さんの没後に携わった江戸東京たてもの園での「旧前川邸」の復元作業の過程で発見した。その発見に引きつけて、前川さんの「お言葉」とその真意を多くの人に伝えたいとまとめたものが本書である。前川事務所の諸先輩には、私の理解がまだ浅いと叱責される方もおられよう。そうしたご指摘も含めて、前川國男という建築家についていま一度語る端緒になってほしいと思っている。

前川さんは近代合理主義を掲げながら自らを律し、自問自答しながら、時間をかけて数々の建物をつくった。前川建築の原点は、青年時代にパリで市民社会の素晴らしさにインスパイアされたことであり、その生涯を通じて、人々が集うことで生き生きしてくる建築を生み出した。最晩年には、建築物が人間のスケールから離れて巨大化していくことに疑問を持ち、いかにすれば人間の感性に見合うスケールに引き戻すことができるかを追求していた。

時が流れ時代は移り変わっていくが、変わるものと変わらぬものがある。アナログ時代と正面から向き合った前川さんがどのようなことにこだわり建築をつくっていたか、その気概は時代を超える。本書からその一端を感じていただき、次世代の、デジタル時代の建築が、「人間環境の改善の兆し」に向けて心地良い生活環境をつくり上げていくことを期待したい。

目次

目次

第1章　前川さんの家

前川さんの家

目黒の前川邸は1942（昭和17）年に竣工する。終戦間際まで、前川さんとお手伝いさん親子の3人で暮らしていた。フランス帰りの前川さんが思い描いていた西洋風の生活スタイルの家は、当時としてはかなり先駆的である。

1945（昭和20）年3月、東京大空襲により銀座の事務所が焼失する。そのため、前川さんは事務所を自邸に移す。1945（昭和20）年5月から1954（昭和29）年9月までの10年近く、この住宅が前川事務所の活動拠点となる。

事務所を自邸に移して3カ月後の1945年8月19日に美代子夫人と結婚しても、東側のウイングのみが新婚夫婦のプライベートな生活スペースであり、事務所が過半のスペースを占拠した。玄関とサロンを仕切る大扉を外し、サロンには向かい合わせてずらりと製図板が並ぶ。中2階の書斎も製図室である。玄関脇のお手伝いさんの部屋が事務室となり、客用寝室は応接室とし、ソファーベッドとタイプライターが置かれていた。美代子夫人は製図板の間を縫うように台所に行って料理をし、製図板に押しやられたサロンの隅っこのテーブルで食事をしてい

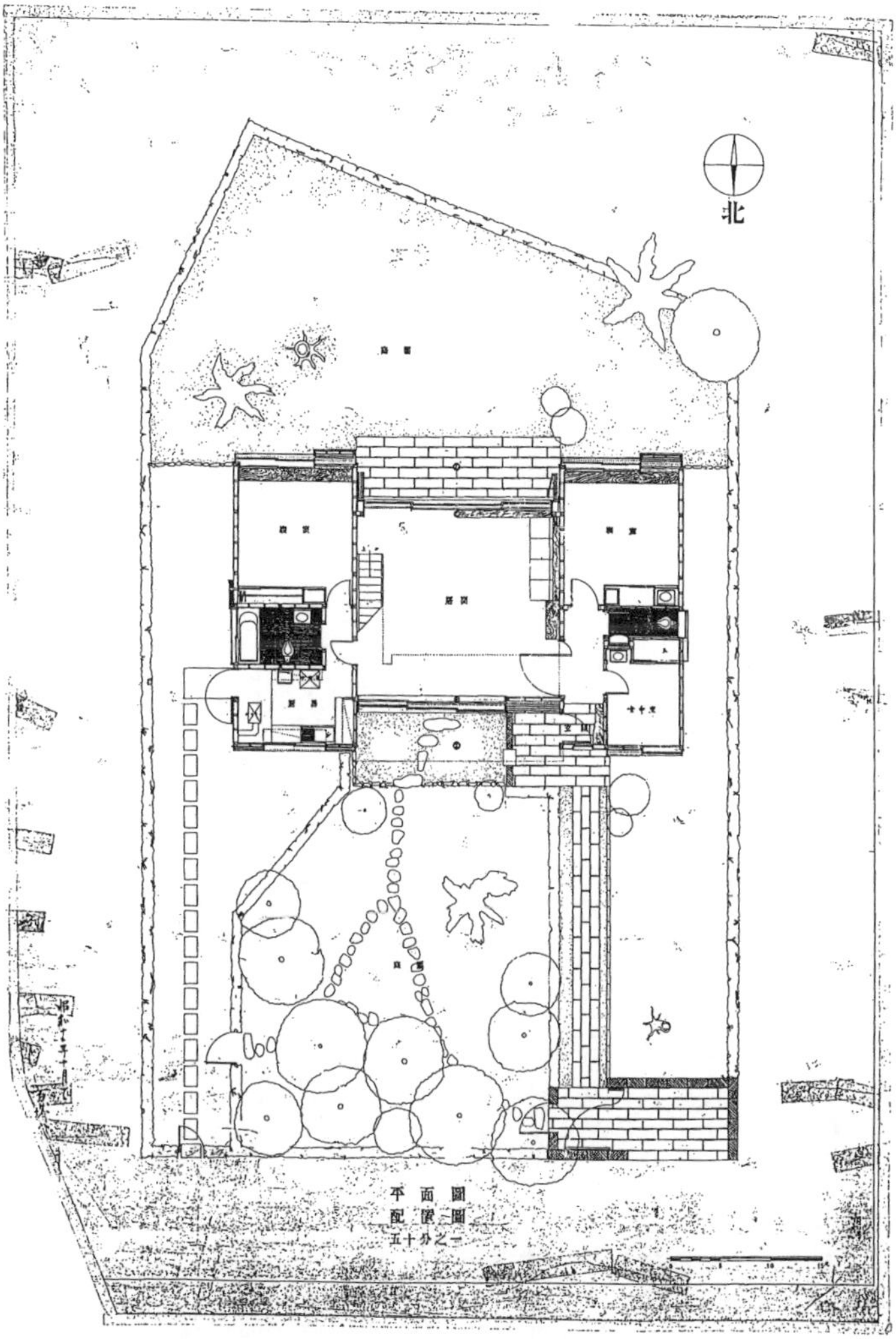

旧前川邸　配置図（1942年建設時　＊1）

たという。所員は就業時間を9時から17時までと申し合わせ、なるべく残業をしないようにしていたようだが、コンペなどで徹夜の作業となることもしばしばあり、応接室が仮眠場所になったという。ここから神奈川県立図書館・音楽堂など前川建築の名作が生まれた。

1954(昭和29)年に四谷のオフィスができて事務所が移り、結婚から9年後に、目黒の住宅はようやく前川夫妻の専用住宅となる。そして生活が落ち着いてきた頃、前川さんの活動の広がりとともに家が手狭になったことから、家の構成を見直し、増築をしている。1956(昭和31)年のことである。サロンはそのままにして台所の増築と浴室の改修を行い、お手伝いさんの部屋を東側に移す大改修である。同時に建物も軸組の補強を行いブレースを入れるなど大々的な構造補強を行い、サロンの床を張り替え、駐車スペースを整備している。

それから17年後の1973(昭和48)年、さらに家が手狭になり、コンクリートで建て替えることになった(これ以後、木造の前川邸は旧前川邸と呼ばれる)。このコンクリートの住宅は、仕事の切れ目などで時間ができた所員が前川さんから指名されてスケッチを重ねたり、海外からの留学生に担当させたりして、前川さんが直接指導してスケッチを進めていた。最後は、私の1年後輩の所員(当時入所6年生)が、ベテランの先輩の指導でまとめている。そして1973年、木造の前川邸は解体された。いずれ再建して別荘として使う心積もりであったようだが、その機会が訪れないまま、1986(昭和61)年に前川さんは亡くなられた。

目黒にあった自邸を設計事務所として使っていた頃(＊1)

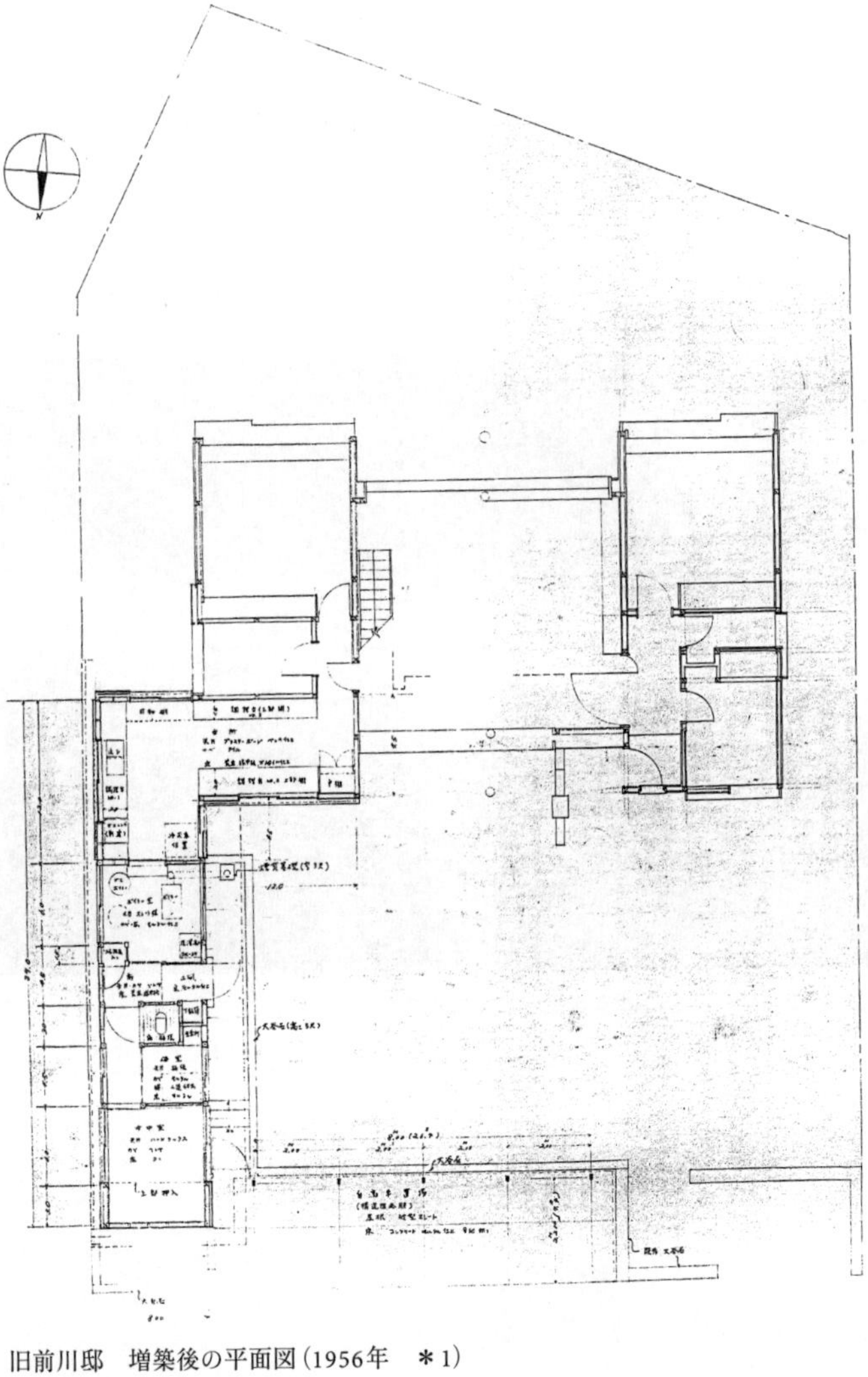

旧前川邸　増築後の平面図（1956年　＊1）

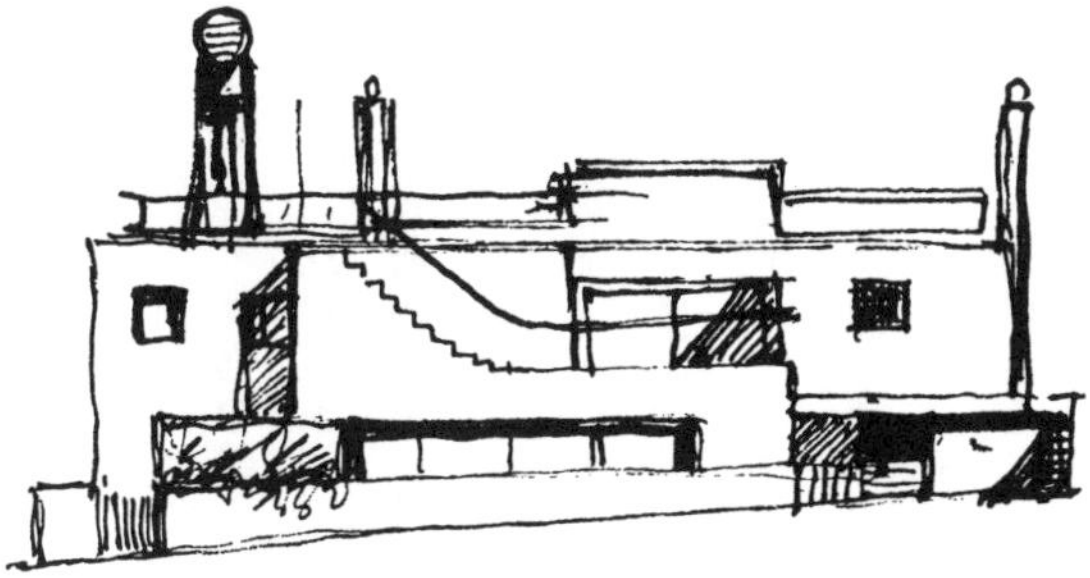

前川さんによるコンクリートの自邸の立面スケッチ（＊1）

同インテリアスケッチ（＊1）

ケヤキ・北入り・アプローチ

前川さんは、新しく建物を建てるときいつも、建物の外まわりに樹木を植え、敷地周辺との融和を図っている。なぜかケヤキの木が多い。世田谷区民会館や、東京文化会館、京都会館、埼玉会館、埼玉県立博物館をはじめ、クスノキの間を縫って建てた熊本県立美術館でも、アプローチの前庭に新たにケヤキの木を植えている。また、国立国会図書館新館でも、お隣りが国会議事堂や最高裁判所という場所柄、国の中央部として望ましい景色をイメージして、敷地周辺に90数本のサクラを植え、敷地内に鳥が来るように実のなる種々の樹木で修景しているが、一般利用者の出入り口に当たる東側前庭にはケヤキを増し植えしている。

ケヤキの形にはこだわりがあり、前川さん自身が植生の現地に赴き1本ずつ確認し、どこに植えるかをイメージしながら移植する木を決めていた。埼玉県立博物館あたりまでは、プロジェクトのチーフが前川さんの意向を受けてあらかじめ見当をつけておき、要となる1本は前川さんが直接見に行って決めていた。晩年は、樹木選びを所員に任せるようになり、前川さんが言わなくても、設計担当者は建物のまわりにケヤキを植えるようになった。

世田谷区民会館の前庭

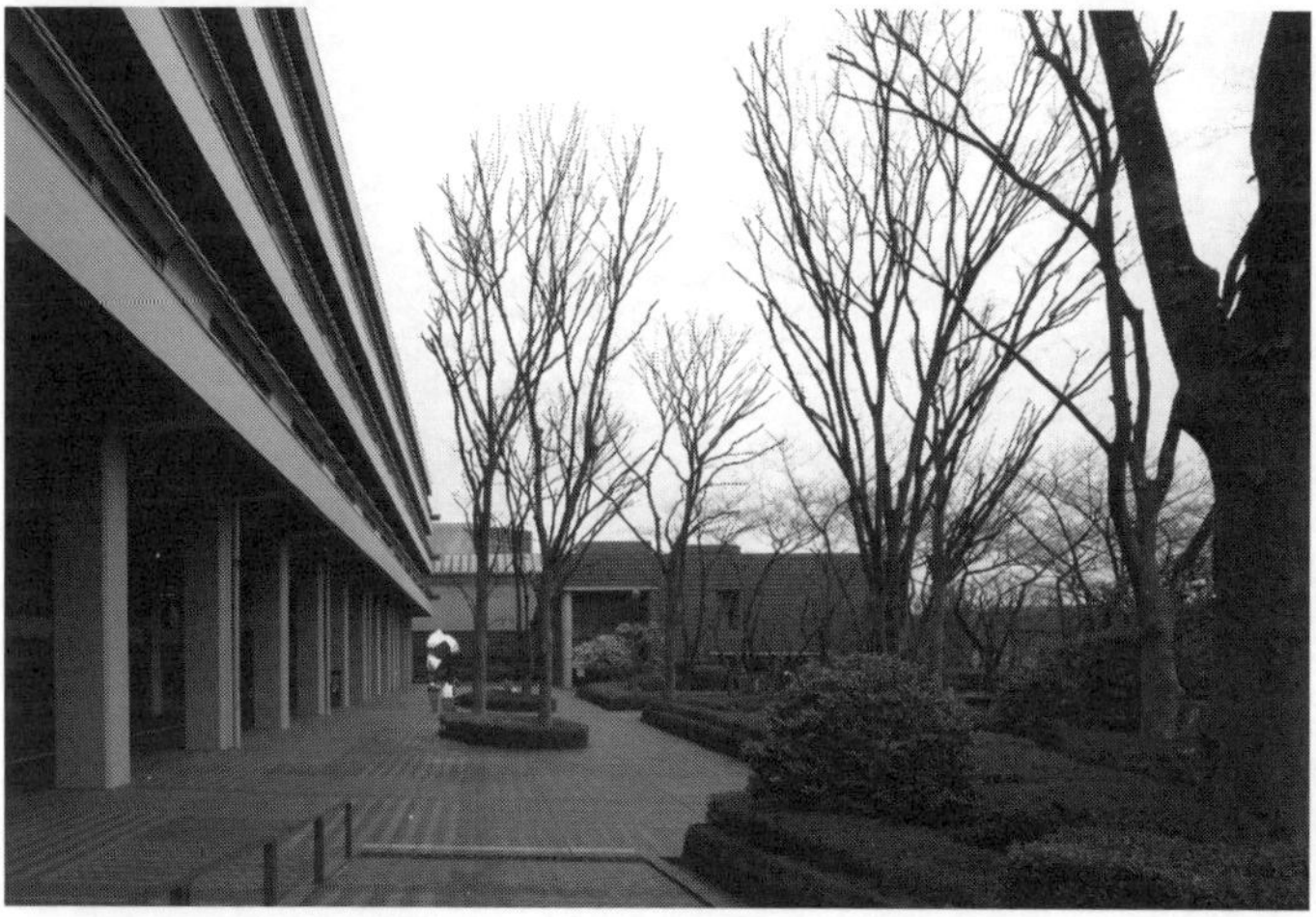

国立国会図書館の東側前庭

ケヤキに囲まれた熊本県立美術館のアプローチ（＊2）

では、目黒に建てた自邸の敷地はどうであったろうか。場所は目黒駅から近く、幹線道路から1本入った行止りの幅員4mの道路を北側に、南側は崖で視界が開けている。その敷地のやや左寄りの中央に、ケヤキの大木が立っている。前川さんは逆光の中、そのケヤキの大木を眺めたに違いない。「敷地は、ケヤキの大木が立っていたから決めた」という前川さんの言葉が伝えられている。そう、前川さんはケヤキの木が大好きなのだ。やがてそこは分譲地として売り出され、1940（昭和15）年頃に前川さんが購入。近くには、建築家土浦亀城氏の自邸があり、家族ぐるみでお付合いをしていたという。

前川さんの自邸は敷地の中央に建物を置き、二分した敷地を南庭、北庭として整備している。建物は北側道路から入る北入りとし、玄関までの距離を取り、前川さんらしいアプローチをつくり上げている。前川さんがここを選んだ時に、直感的にアプローチのイメージができていたのではなかろうかと思われるほど、後の前川建築のアプローチに近い。このアプローチが住まいとしての心地良さに繋がっていく。そういえば、「敷地に立ってイメージが浮かばなければ、建築家には向かないよ」と前川さんは言っていた。

再建した江戸東京たてもの園でも、当たり前のように、旧前川邸の前にケヤキの大木が立っている。

目黒にあった頃の前川邸(1961年頃)。手前のケヤキの木があったからこの敷地に決めた(＊3)

設計担当者　崎谷小三郎

旧前川邸の設計担当者は1912（大正元）年生まれ、前川さんとは7つ違い。早稲田高等工業の建築科を卒業後、建築家山口文象の下で修業した崎谷小三郎である。前川さんは、崎谷が応募したコンペの審査員をしたことがあり、崎谷のことを気にかけていた。崎谷もまた、前川さんがフランスから帰国後に行った講演「3＋3＋3＝3×3」を聞いて、深く感銘を受けている。崎谷は、後に前川さんの紹介でアントニン・レイモンド事務所に入り、前川さんが独立する際に行動を共にし、以後、終世共に活動した。

旧前川邸の設計は、当初は浜口ミホ（日本初の女性建築家）が担当していた。浜口案は、応接室、寝室、書斎、食堂、居間を南側に連ねたプランだったと言われている。前川さんはこれが気に入らず、当時上海支所に派遣していた崎谷を日本に呼び戻し、浜口ミホに替わって担当者とする。前川さんが担当者を替えようと決断した心境は、今となっては謎である。

戦時中、日本では民間の建築設計事務所には仕事がなく、前川さんは実業家岡崎嘉平太の紹介で、上海華興商業銀行の総合住宅の仕事を得た。この仕事のために上海に支所を設け、前川

前列左から2番目が崎谷小三郎、右端が浜口ミホ（1942年頃　＊1）

事務所の所員の大半は上海に渡って仕事をしていた。崎谷もその一員として上海にいた。当時の上海は欧米列強のアジア進出の拠点であり、租界地区に欧米風の街をつくっていた。この街並みは、今日でも上海の旧市街地に残っている。

戦後の前川事務所の活動を見ると、所員が上海に事務所を構えて仕事をしていた意味は大きい。上海では、欧米列強の拠点を整備するために、欧米風の建物を建てる生産システムが整備されていたと考えられる。その地で、前川事務所の所員が設計・監理し、建物をつくり上げる機会を得た。後年、戦後の復興に際し、日本の建築をつくる技術が未熟であるとし、「テクノロジカル・アプローチ」の必要性を掲げて近代建築に取り組んだ前川チームの素養と能力が、すでに上海で養われていたといえる。

前川さんに上海から呼び戻された崎谷は、久しぶりに日本の地に足を下ろした。北九州の門司から東京まで、時間をかけて、途中あちこちに立ち寄りながら戻ってくる。以前、崎谷本人から、「学生の頃から日本建築に興味を抱き、夜な夜なトレースをして研究していた」と聞いたことがある。建築家を志す若者が、上海で西洋風の生活体験をしながら異文化の中で設計の仕事をした後に、久々に戻った日本で、目に映る景色や家々に新たな思いを込めて向き合ったことであろうと想像できる。この旅で崎谷は、以前から気にしていた伊勢神宮を訪れている。これが、旧前川邸の象徴でもある「棟持ち柱」に繋がっていく。

上海華興商業銀行総合住宅のリビング（＊1）

同キッチン。旧前川邸と似ている（＊1）

同寝室（＊1）

崎谷は、旧前川邸を設計する際に影響を受けたのは前川事務所の「守屋邸」、坂倉準三の「等々力の飯箸邸」、レイモンドの住宅、および帰国の際に立ち寄った伊勢神宮であると、自ら語っている。また崎谷は、旧前川邸を紹介した雑誌『建築』(1961年6月号)で、「煉瓦造に食傷し、久々で懐かしの木造という感傷もあり、木造工法を徹底的に追求すると張り切った」と書いている。そういう若者と前川さんがつくり上げたのが、旧前川邸である。

崎谷は、前川さんがなぜ浜口案を気に入らなかったかを熟考し、新たにワンルームの案を提案した。その案が受け入れられ、1941(昭和16)年には図面はほぼ完成したが、1942(昭和17)年の秋、建物の完成を見ないで崎谷は出征した。終戦後に日本に戻ってきた時には、旧前川邸は完成していたということになる。

織り込まれていた移築

1973(昭和48)年、手狭になった家を建て替えることにした前川さんは、木造の旧前川邸を軽井沢に移築する方針で解体することとした。解体には、設計を担当した崎谷が当たった。崎谷は、再建の際に組み立てやすくするために、建具枠のようなものはそのままの形を残すよ

伊勢神宮（＊4）

守屋邸（設計：前川國男　＊5）

飯箸邸（設計：坂倉準三　＊6）

解体され軽井沢の別荘に保管されていた部材（＊2）

うにして解体する「大バラシ」をしている。解体した部材には番号を振り、あとで組み立てやすくなるようにした。

旧前川邸の解体された部材は、下地材まで含めて軽井沢にある前川さんの別荘を倉庫代わりにして、長い間保管されていた。しかし、1986（昭和61）年に前川さんが他界したこともあって、放置された状態にあった。これがどこからか知られるようになり、高名な建築家やデザイナーから譲ってほしいという申し入れがくるようになる。先輩諸氏もすでに退職して事情を知るものが事務所にいなくなり、私のところに話が集約してきたのかもしれない。好条件のお話もあったがその都度お断りをしていたため、東京都からお話をいただくまでは、再建に向けた具体的な動きはなかった。

江戸東京たてもの園に再建

1994（平成6）年、建築史家の藤森照信氏を通じて、東京都から小金井公園内にある江戸東京たてもの園の展示物として譲り受けたいとの申し入れがあった。藤森さんとは、以前、神奈川県立図書館・音楽堂の保存の件でお会いしたことがあった。藤森さんからならば信頼のおける話と受け止めて、前川家につなぐことにした。旧前川邸の部材は、前川さんの弟である前川春雄氏が相続され、さらにその子息の代に引き継がれていた。

前川家と東京都を引き合わせて話し合った結果、都の意向を受けて、前川家が都に旧前川邸の部材を譲渡することになり、再建へ向けて一歩を踏み出した。保管されていたその部材は、別荘の屋根からの雨漏りが原因で、下地材の一部は傷んでいた。すべての部材の状況を確認するところから始まった。

ここからどのように再建するか。前川さんは、軽井沢に再建した家で奥様とゆったりとした時間を過ごすつもりであったのだろう。江戸東京たてもの園に再建するに当たって、その気持ちに思いをはせながら、前川事務所を卒業した先輩たちと「どの時代の姿にするか」を相談し、

1956（昭和31）年の大改修以前、建設当時の姿に復元することを決めた。さらに、復元に当たっては、事務所の先輩たちをはじめ多くの人たちと議論を交わしながら、当時の状況の確認作業を始めた。また一方で、江戸東京たてもの園の担当学芸員の早川典子さんと設計担当者である崎谷さんとの面談をセットし、時には藤森さんや松隈洋さんが同席して記録を取るということからスタートした。

旧前川邸を再建する時に、江戸東京たてもの園は複数の候補地を用意してくれた。その中から現在の場所に決めたのは、目黒における建物とケヤキの位置関係とは少しずれていたが、そこにケヤキが立っていたからである。建物への入り方（アプローチ）はとても大事なことなので、再建に際しても目黒と同じように北入りとし、ケヤキがほどよい位置にくるように、敷地の北側に新たな園路を整備していただいた。

ところが、アプローチの真ん中に当たる場所に、小金井公園で唯一の白樺の木が立っていた。しかも、この白樺の木は日本における南限の1本であるという。公園が大切に守ってきた木であるとわかり、その白樺を伐らないで、もとの家（目黒）とは異なったアプローチの納め方をした。しかし、せっかく残した白樺の木が近年枯れてしまい、今はない。残念である。

部材が語る変遷履歴

建物は歳月の経過とともに古びるが、まず変わるのは、使い勝手である。それに伴って建物も変化する。国のエネルギー政策が変われば設備系が変わり、建築の仕上げに影響を与える。時代のニーズに合わせて運営の仕方が変わり、利用者側のスペースも変わっていく。女性の社会進出に伴って女性用トイレの数が足りなくなり、改修を余儀なくされた公共建築、それに対応しきれず取り壊されていった事例も数多くある。

旧前川邸も時代とともに変化している。移築するつもりで解体した時点（１９７３年）では、建設当初の姿に台所と使用人の部屋が増築され、南側に補強のブレースが入っていた。

旧前川邸を象徴するものとして、キングポストの断面詳細図が広く知られている。戦後間もない時期に学んだ大学の授業で旧前川邸の図面をトレースしたという大学教授から、「自分がそうしたように、建築学科を立ち上げた最初の設計課題として旧前川邸のトレースを取り上げたい」という要請があり、課題の資料として事務所に残る図面を整理したのが40年ほど前であった。その後、課題に取り上げる大学が徐々に増え、今日では、小金井の江戸東京たてもの園に行けば実物がいつでも見られるということもあって、多くの大学で課題として取り上げられている。「70年以上も前の住宅の何が、建築を志す若い世代を惹きつけるのか」、そこに時代を超える大事な要素があるような気がする。こうした課題のおかげで、旧前川邸のキングポストの断面図は多くの建築関係者に知られている。

ところが、再建工事によって、この象徴的なキングポストの大架構は2カ所だけであり、あとは束立ての和小屋であることが確認できた。実際には和小屋と洋小屋の併用で構成されていたのだ。しかも、頭部を固める臥梁《がりょう》の役割をする部材がないために、完成後しばらくして建物が捻れたようだ。南面にブレースを入れて固めていた理由はこれだったのだ。このブレースを入れた姿が、1961年の雑誌『建築』の前川

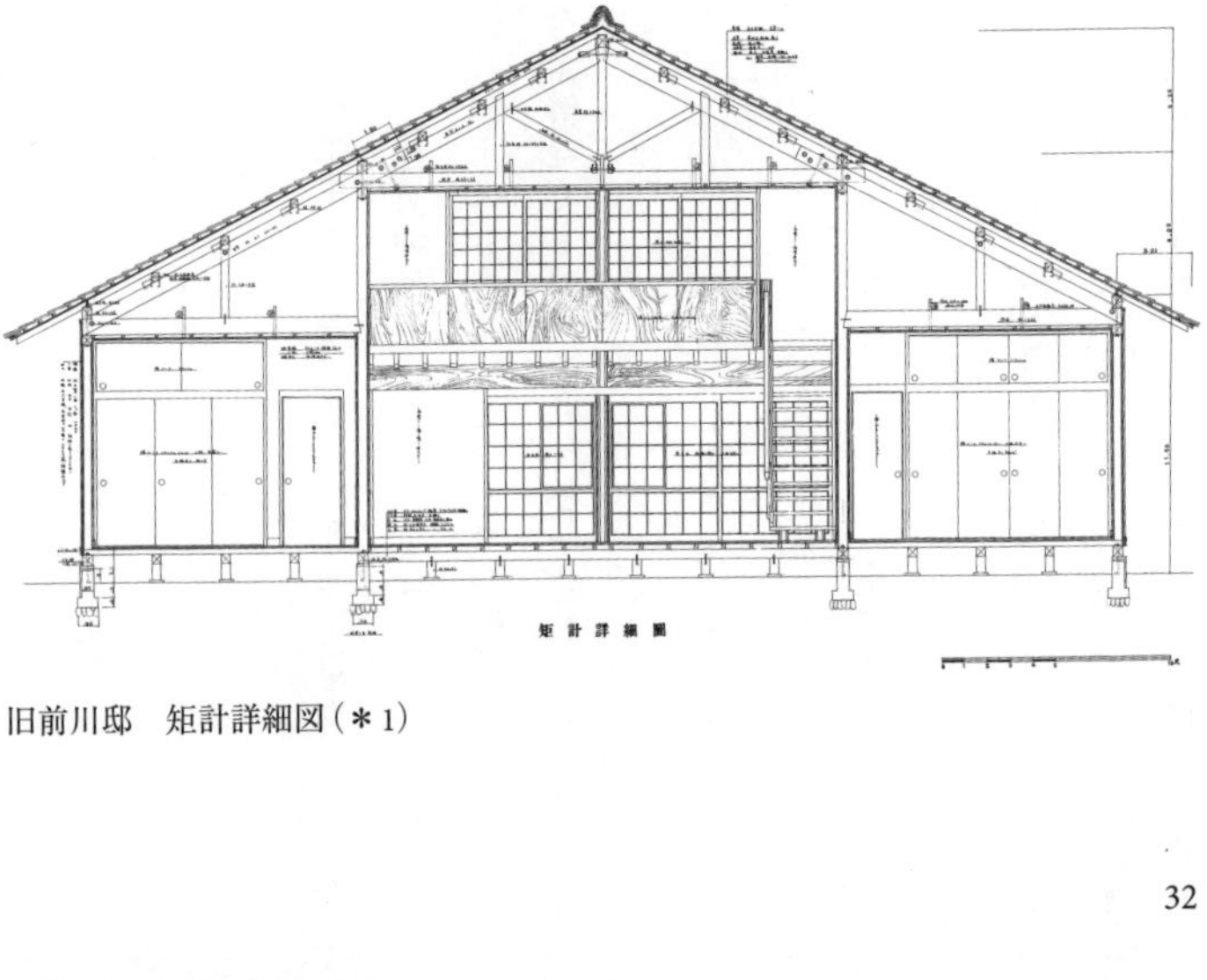

旧前川邸　矩計詳細図（＊1）

上）再建工事風景。キングポストの架構は2カ所のみ、あとは束立ての和小屋であることがわかる（＊2）
右）築後20年頃に棟持ち柱を角柱に変更し、ブレースを入れて構造補強している（1961年頃　＊3）

建築事務所特集で、「前川邸」として初めて世の中に紹介された。そこに掲載された写真が前川邸のイメージとして建築界に定着している。この印象的なブレースは、建物の捻れを止めるための補強で、その際、ブレースを強固に取り付けるために中央の丸柱（棟持ち柱）を角柱に変えている。

再建に際し、ブレースを入れた姿で再建するかをおおいに議論した。最終的にはブレースを取り除き、角柱を元に戻して丸柱に替え、前川さんが当初考えた建築の姿を復元している。問題となった建物の捻れに対しては、耐震性確保を兼ねて、屋根裏および柱脚を金物で補強している。

すでに解体されバラバラになった部材から建築を復元する難しさに直面するのに、そう時間はかからなかった。特に悩んだのは、モノとして残っていない色や仕上げの状況である。トイレの壁の色は何色であったのか、天井の色はどうだったのかから始まり、テラスの石の張り方など、解体した時になくなってしまったものや、部屋のありさまを決定する具体的な要素についてである。その意味からも、先輩諸氏の記憶でたどることができる旧前川邸の姿は、昭和30年代がぎりぎりであったといえる。

この工事に取り組んだのが文化財建造物保存技術協会で、本格的な調査を含めた復元に取り掛かった。部材は1カ所に集められて検証され、『前川邸復元工事報告書』にまとめられた。

改修前の旧前川邸ではブレースを入れていないため、金物で屋根裏と柱脚を補強した（＊2）

江戸東京たてもの園に復元された旧前川邸南面全景
設計当初の姿になった（＊7）

部材に切り込まれたメッセージをたどり、先輩たちの記憶と重ね合わせて復元作業を進める。完成形の建物を移築するのとは異なり、部材でしかないものから建築を立ち上げる難しさがあった。難しさの向こうに、建設された時代やつくり手の思いが見え隠れする。現存する一部分から全体像を想像し、幾多の研究成果と比較検討し、伽藍の再建を進めていた大学時代のわが恩師、大岡実先生のことを思い出した。創建時の時代と向き合い、真剣に再建に取り組んでおられた意味がいくらか理解できたような気がする。

復元された旧前川邸を訪ね、あらためて向き合ってみると、前川さんが生涯をかけて組み立ててきたことが、初期の旧前川邸に種として植えつけられていたことが見えてくる。

第2章　前川さんのお言葉

建物が敷地を選ぶ

前川さんの多くの建物は、木々の間に見え隠れし、周辺のたたずまいに同化している。晩年の前川さんは「生えている樹木はできるだけ伐るな」と所員に指示を出し、木を伐らずに建物を配置し、周辺の環境を取り込む計画をしている。建物周辺に木々が足りないと思えば新たに植樹し、建物の周辺環境を整えた。

それまでは付帯工事としての位置づけしかなかった建物のまわりを整える工事に対して、前川さんは外構工事として独立した仕様書を添えて工事そのものに人格を与え、予算を獲得していた。自分の責任で建物の外部を整える工事を行うことができる体制を整えていたのだ。かなりあとになってから、国はようやく外構工事の標準仕様書を整備した。それによって、建物の周辺環境を整える工事は独立した工事として位置づけられ、正式に予算が付くようになり、今日に至っている。前川建築は、国よりかなり先行して建物と建物周囲の設計を同時に進める手立てをつくり上げ、敷地周辺との関係を設計に盛り込むことができた。弘前に建つ数々の建物、世田谷区民会館や京都会館、東京文化会館、晩年の熊本県立美術館…いずれも、歳月を重ねてさらに周辺環境と同化している。

敷地に合わせて建物を配置し、外部空間も含めて敷地全体を計画するといえば、敷地が建物を決めるかのように思われるだろう。しかし私は、前川事務所で幾度か、「建物が敷地を選ぶ」という場面に立ち会っている。

国立国会図書館新館の敷地は、建物が選んでいる。国は、新館の敷地として国会図書館本館の東側に用地を決めていた。現在は国会議事堂見学者用バスの駐車場になっている場所である。しかし、そこに新館を増築した場合、本館とは距離がありすぎるため、一体として使うには使いづらい。事務所が進言した本館の北側に位置する現在の場所に変更するため、たくさんの手続きを経て、北側の既存の道路を廃止し、本館敷地と合わせて一敷地に変更した。これによって、当初の40000㎡から73000㎡へと総床面積8割増しの建物ができたのである。いったん国で決めた敷地であっても、建物のあるべき姿が変更を可能にしたのである。

熊本県立美術館の敷地は、熊本県が用意した3カ所の候補地から前川さんが選んだ。国指定の史跡である熊本城内の2カ所、街なかの1カ所を先輩と私を連れて見て回った前川さんは、美術館にふさわしい敷地として熊本城二の丸公園の西側の敷地を選んだ。その敷地を熊本城のほうから眺めると、広々とした二の丸公園の西の端にクスノキの大木が林立し、その背後に夏目漱石の『草枕』ゆかりの峠の茶屋がある金峰山が眺められる。熊本市民の原風景である。

後日、前川さんが県の担当者に「これほどの素晴らしい敷地を用意されるのは大変だったでしょう」と言ったところ、「前川さんに頼むのですから」と答えが返ってきたのには驚いた。

「前川國男」がこの敷地を用意させたのだ。

その時敷地を案内してくれた熊本県職員の方とは、以前どこかでお会いしたような気がしていた。先方から、埼玉県立博物館の現場を見学した時に私が案内したと聞かされた。彼は県知事直轄の美術館建設準備室の職員で、設計者を探すのに9年の歳月をかけたという。

事務所に戻ると、樹木の位置と大きさをできるだけ正確に押さえた模型をつくるよう指示を受けた。300分の1のスケールで敷地の粘土模型をつくり、熊本の樹木園から借りた樹木配置図通りの位置と大きさで木々を配置した。前川さんは、敷地模型の中に高さの異なる粘土の塊を3種類置き、われわれチームが重ねているスケッチには見向きもせず、くる日もくる日も、腰をかがめて横から模型を眺めていた。かなり経ったある日、建物の高さを15〜16mに抑えるよう指示が出た。それから、敷地の樹木の間を縫うようにスケッチを重ねていったのだ。

建物が森の中に隠れてしまうので、ロビーのテラスを森から公園へ引き出し、テラスの立ち上がりを低く抑えた壁によって建物の存在をかろうじて示す、名城熊本城に敬意を示す案と

クスノキの森に囲まれた熊本県立美術館。背後に金峰山が見える（＊8）

なった。二の丸の入口に当たる桝形を構成している石垣と土塁に絡めて美術館への取付きを設け、熊本城の石垣のようにツイストさせて取付きからエントランスに導くアプローチとし、建物を木々の間に配置した。前川さんのサジェスチョンで、二の丸公園から美術館裏側の庭にかけてロビーを掘り込んで表と裏の空間を繋ぎ、その掘り込んだ空堀に階段状に架けた橋を渡って展示室へと導き入れる。敷地環境になじみながらも存在感のある美術館ができあがった。

建設から40年を経た今日でも、初めて眺めた時のように、二の丸公園の西の端、クスノキの森の向こうに金峰山を望む景色が展開し、その中に熊本県立美術館は目立つこともなく息づいている。

この前川さんが晩年に手掛けたクスノキの生い茂る環境にふさわしい建物への入れ込み方は、すでに旧前川邸に見られる。ケヤキの木がある敷地を選び、取付きの道路から引きを取って建物を配置し、門扉を設けずL形の壁で視線を左右に振れさせながら玄関に導く空間構成である。

建物を周辺の情景から際立たせようとするのではなく、逆に、周辺の情景の中に組み込ませようとする姿勢は、自邸の頃から抱き続けていた前川さん本来の空間意識であろう。

ムーブマンがないね

前川さんにスケッチのチェックを受け、ある言葉を言われたら、そのプランはアウトである。私は、前川さんからその言葉の解説を聞いたことがないし、おそらく先輩たちも同様に説明を受けていないと思われる。それぞれがその言葉から異なるイメージを思い描きながら、前川さんに応えようと、それぞれのとらえ方で再思考を始める。チーム全員がそれぞれ次のステップへ向かおうとすることで設計は練り上げられ、前に進み、結果として具体的な建築へと昇華していく。

謎の言葉は、「ムーブマンがないね」

私は、ムーブマンとは連綿と繋がる空間の流れであるととらえているが、ある先輩は、一筆書きができる壁の流れという。

偉大な人は、日々自らを乗り越える努力をし、考え方が変わっていくこともある。だから、

40代の前川さんと60代の前川さんとでは考え方が異なり、どの時代の前川さんにインスパイアされたかで、同じ言葉でも解釈が異なるのは当然である。チームは異なる世代で編成されるので、設計時に前川さんから発せられる他の言葉も同様に受け取り方は所員それぞれであり、前川さんもいちいち説明をしないから、議論が議論を呼び、議論の幅を広げ、新たなる空間の発展に繋がってきた。

先輩たちが手掛けた建物を後年改修するとなると、その建物の主要なスペースが発するメッセージを受け止め、時代の要請に応える手立てを考えるため、あらためて前川建築と向き合う。その建物をどう扱うか。手がかりになるのは、それぞれの建物が持つ特有の「ムーブマン」だ。同じ上野の山にあっても、東京文化会館と東京都美術館は異なるムーブマンを持つ。

旧前川邸の「ムーブマン」は道路から始まっている。門扉のない入口からサロンに至る道筋で、景色は変化しつつも区切りのない空間の流れ。それによって知らず知らずのうちに、わさわさした下世話な世界である家の外から安らぎの場である家へと、意識が移行していることに気づかされる。

後年前川さんが手掛けた美術館建築に見られるアプローチ、日常の喧騒からモノと向き合う状態に自然と移行する効果を生み出すムーブマンが、もうすでに、ここ旧前川邸にあった。

旧前川邸のアプローチ（1961年頃　＊9）

建築には演出が必要だ

ヨーロッパの近代合理主義に基づいて日本の近代建築を牽引してきた前川さんが最晩年の頃、「生きていく上で芸術は必要だ」と言われた時に、「建築にとっての芸術とはなんですか」と尋ねたことがある。

「建築にとっての芸術とは、演出だよ。窓まわりにある」

合理主義を標榜してやまない前川さんの口から、「演出」という言葉を聞くとは思ってもみなかった。

埼玉県立博物館で前川さんは、基本設計をまとめあげて知事説明した直後に、プランの再考をチームに課した。左右の手でコの字形をつくり、それを少しずらして、囲われた空間が内外に連続するようにという。今まで壁に穿っていた窓を、壁をずらしてできる間をそのまま窓にするというもので、建物の組立てに絡む大変更であった。そういえば、ケルンの東洋美術館が

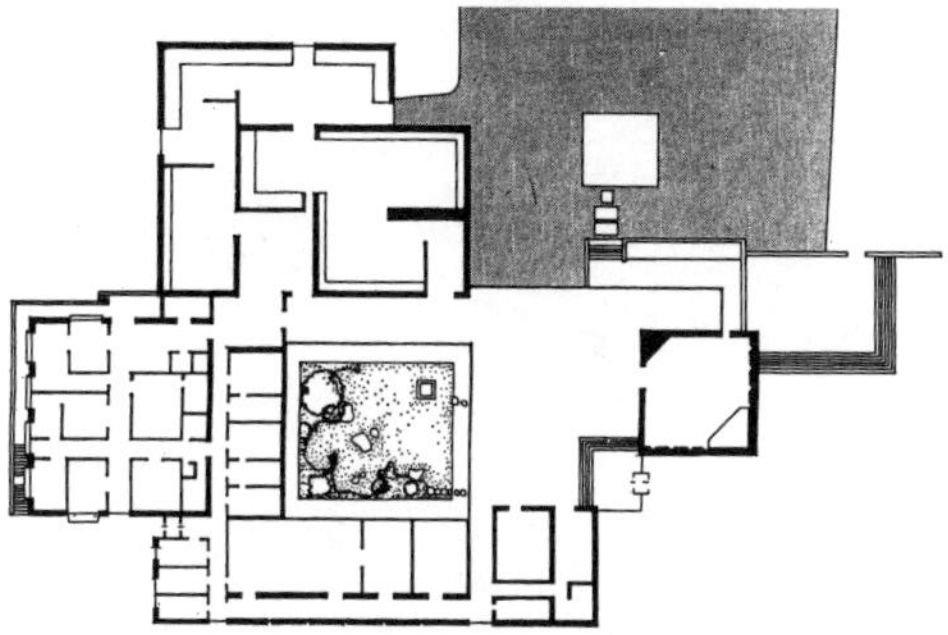

ケルン市立東洋美術館　平面図（＊1）

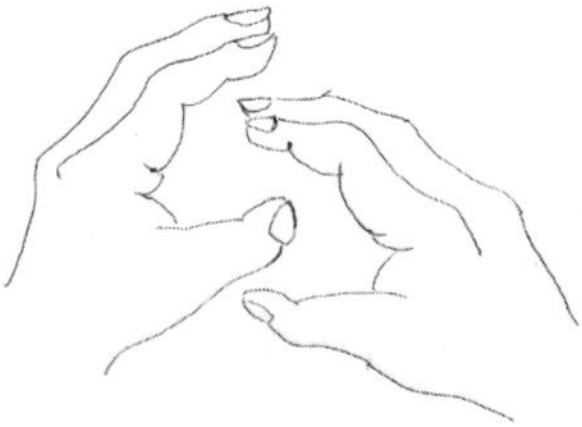

左右の手でコの字形をつくる（＊2）

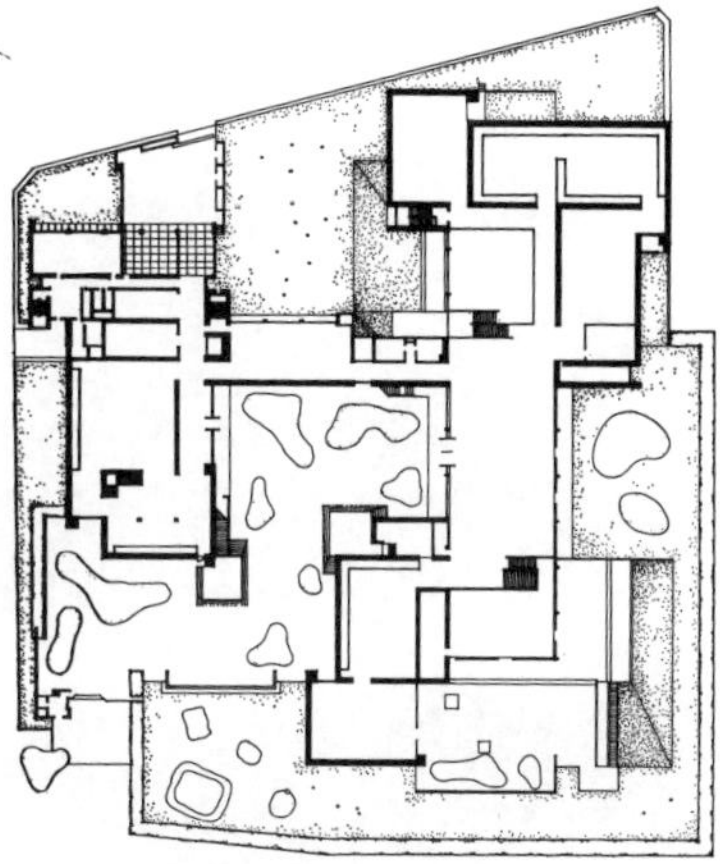

埼玉県立博物館　平面図（＊1）

国立国会図書館新館　吹抜けに面した中央階段（＊8）

十数年の歳月を経て竣工した時、その建物を地元の新聞や雑誌はこぞって「日本的」と評した。壁を穿った窓であっても、床から天井まで開いている窓が「日本的」なる理由であった。埼玉県立博物館の内と外を繋ぐ窓の開け方は、ケルンをさらに徹底したものといえる。それまで打込みタイルの壁、西洋的な壁を追求していると思っていた私たちは、現地の反応に戸惑いを感じたことを思い出す。あらためて西洋の窓を見ると、窓は穿たれた穴のようにつくられている。「窓は時代や地域を表す」ことを再認識する機会でもあった。

国立国会図書館新館の設計を終え、私が設計監理者として現場に出る時(前川さんが76歳の頃)、「演出だよ」の言葉に背中を押され、吹抜けに面する中央の階段の再考に踏み切った。その結果、2年の歳月をかけて、原案の「行って来い」の階段を、吹抜けホールに向かって大きく開く開口を持った三角階段に変更している。

吹抜けに大きく開いた窓は、上り下りする人々の視線の方向の変化を受け止め、吹抜けホールからは、上下に行き交う利用者の動きが見える効果を生み出す。大規模建築でありながら、人の動きが感じ取れるわかりやすい空間の構成とすることができた。

旧前川邸の窓はどうだろう。

まず、特徴的なサロンの南北に開けた大きな開口。そこには大きな雨戸があるが、日中は雨

南北に目線が抜ける、窓による演出

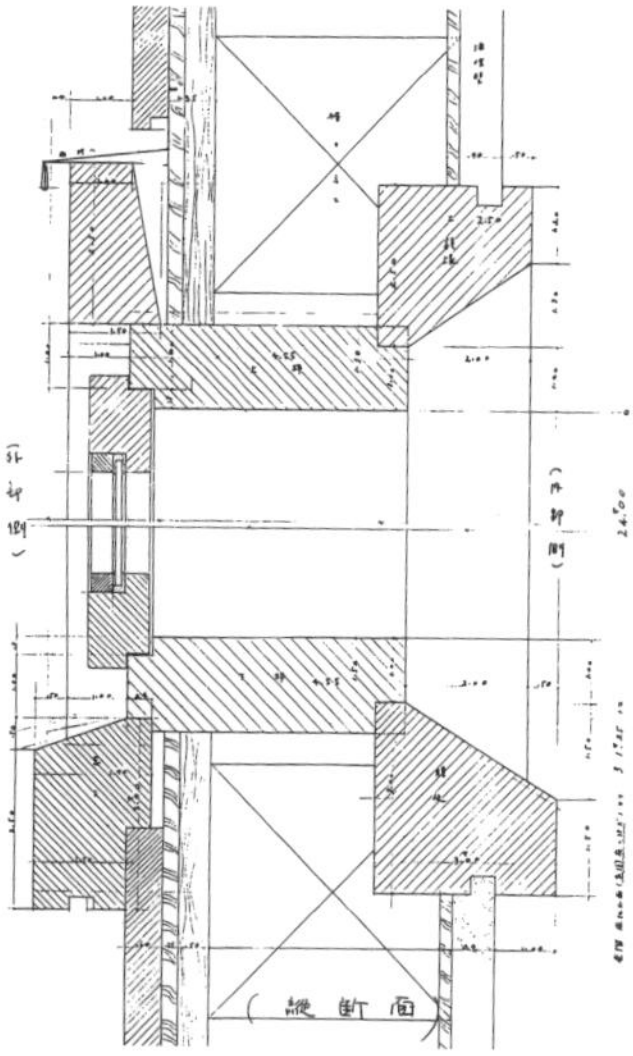

玄関窓断面詳細図（＊1）

アイストップとしての玄関窓

演出されている屋根の破風

戸には消えていてほしい。北面の雨戸と南面の雨戸の納まりを工夫することで南北に目線がきれいに通り、サロンの大空間の開放性が一層演出される。アプローチの突当りの玄関の壁の窓は、訪ねて来る人のアイストップとして演出し、他とは異なるディテールで象徴的にデザインしている。

これらの窓まわりのディテールは、ある種の機能的な説明も可能だが、旧前川邸には「演出」としか説明できないディテールが他にもある。屋根の破風《はふ》の留め方である。破風は伊勢神宮のように棟から軒先に向けて広がる台形状で、母屋が下駄歯のように2本ほぞで破風を突き抜け、楔で強固に留めてあるように見える。しかし、移築再建の調査の結果、すべての母屋が破風から突き出しているのではないことがわかった。突き抜ける母屋は間引いてあり、装飾的に閂《かんぬき》で留めるデザインに似せてつくっている。大きな破風が構造的にしっかりと固定されているかのように「演出」しているのだ。前川さんが「フェイク」？

前川さんは合理だけの人ではなく、「理」と正面から向き合い、それをゆがめないと判断した上で、その建築のありようをより鮮明に現す「演出」も同時に考えていたのだ。その思想は「フェイク」の対極である。前川建築の代名詞とも言われる「打込みタイル」のような独自のものは、フェイクの思想からは生まれない。

斜め屋根では、かないっこない

国立国会図書館新館が完成し、竣工を迎えた日に前川さんに見ていただいた。秘書の佐藤由巳子さんと私とで前川さんを両脇から支えるようにして建物内をご案内した。忘れもしない1986年6月3日、前川さん81歳である。

4層吹抜け、上方が絞られた広間で、ひっくり返らんばかりにのけぞって見上げる前川さん。この頂部に架けた屋根を検分しておられる…、怖かった。この勾配屋根は、フラットルーフにこだわっておられた前川さんの反対を押し切って架けたのだ。

前川さんがフラットルーフにこだわられるのは当然だろう。フラットルーフは近代建築の象徴である。モダニスト前川さんの最晩年の作品――実際、これを見届けた3週間後の6月26日に他界される――、それにはやはり近代建築のデザインコードを用いたいと願っているのだ、と私は思っていた。しかし、それでも私は勾配屋根を譲らなかった。

アプローチにサクラ並木を用意し、図書館の前庭にハレの場を準備し、都会の喧騒の中にあって静かな緑のたたずまいの場に導く。エントランスで天井を低くして空間を絞り、チェッ

国立国会図書館新館に架けられた斜めの大屋根（＊2）

クポイントを通った瞬間、この4層吹抜けの空間に解放される。自然光に包まれた大きな吹抜けに閲覧室が面する。

本との出会いの空間に至るまでのすべての設えは、下世話な日常から先人の知の集積と向き合う心の準備を整える場として用意した空間構成であった。それにはどうしても、チェックポイントから4層に重なる閲覧空間を包み込む、斜めの空間をまとめる勾配屋根が必要であった。最後には押し切るかたちになったけれど、竣工した建物を見て、今、前川さんは、どう思っておられるのだろう…。恐る恐る切り出した。「なぜ斜めの屋根を架けることに反対されたのですか?」

「斜めの屋根は、軒裏の納まりが伝統建築にかなわないからだよ」

青年前川さんがヨーロッパに渡ったのは、第一次世界大戦終結から10年後である。第一次世界大戦で荒廃した社会から復興を成し遂げ、市民社会が確立した高揚するヨーロッパに身を置き、市民社会の素晴らしさに魅了された前川さんに浸み込んだのは、「近代建築は市民のためにある建築」という信念だ。そこは、生涯揺らぐことはなかった。しかし、建築のモノの納まりの成熟度では、近代建築の技術はまだまだ伝統建築にかなわない。建築家として60年近い

旧前川邸の軒裏を見上げる

キャリアを重ねてなお、前川さんは伝統技術に対して謙虚であった。

そういえば、旧前川邸は斜めの屋根を架けている。崎谷さんが恐る恐る斜めの屋根を提案したところ、前川さんはただ黙っていたという。それで容認されたと解釈し、設計を進めたそうだ。旧前川邸の軒裏の納まりを見てほしい。妻側は、母屋を延ばしてその先を破風で止め、平側では斜めに下りてくる垂木と大壁の外壁を無難なディテールで納めている。

前川さん、軒裏は伝統建築にかなわないとおっしゃったのは、こういうことだったのですね。

バフラな空間

設計依頼を受けるときは、建物規模・工事費の額ばかりでなく、建物を構成する部屋やその面積が、すでにこと細かく決まっていることが多い。公共の建築であれば、さらにはっきりしている。企画する側は建設に当たり長年にわたって準備をしている。平面計画（間取り）については、長年研究されまとめられた機能分析に基づいて基本計画を練り、関係者と協議を重ねて必要要件を整理し、組み立てられたものが設計与条件として設計者に示される。

しかしそこには、前川さんが求める、ある空間が入っていない。

「バフラな空間が大事なんだよ」

プランニングのはじめの段階で、前川さんのいう「バフラな空間」を組み込んで検討を始めると、与条件の面積からオーバーすることが多い。スケッチを進めていく中で無駄な空間をそぎ落としていくと、「バフラな空間」がまとまった形でプランの中に収まってくる。いくら検討を重ねても全体の面積に収まらない場合は、建設費の中で収めることで施主に理解を求める。しかし、それでもコストが収まらないときは、予算の積増しをお願いして、了解を得て具体化に踏み込む。「バフラな空間」をあとから生み出すのは至難の業なのである。

この「バフラな空間」とは、私なりには「茫洋とした、とりとめのない空間」ではないかと解釈している。前川さんは、この空間を獲得することに多大なエネルギーをかけている。埼玉県立博物館のバフラな空間は、18m×72mのエントランスホール。熊本県立美術館のそれは吹抜けを持つロビーである。熊本県立美術館が完成した時、前川さんが格子張りの天井の下に広がる森閑としたロビーと吹抜けホールを見下ろして、つぶやいた。「君、パブリックな建築のパブリックな場所のデザインは難しいんだよ」20代をパリで過ごし、市民社会の素晴らしさにインスパイアされ、以後、人々が集う場がいかに大事であるか、建築を通して追求してきた前川さんの言葉である。

埼玉県立博物館のエントランスホール（＊10）

熊本県立美術館のロビー（＊8）

国立国会図書館新館の4層吹抜け（＊8）

このことが、国立国会図書館新館で4層吹抜けの大空間と地下書庫の8層吹抜けを貫く光庭というバフラな空間の獲得に奔走したエネルギーのもとである。はじめに提示される施主の要件には入っていないこれらの「バフラな空間」が、その建物の「らしさ」を生み出し建物の個性となり、それが、その建物の存在感を生み出している。

その実践は、すでに旧前川邸にあった。戦前の延べ面積30坪統制という建築制限の下で獲得した6・3m×5・4m、天井高4・5mの大空間がまさにそれである。前川さんはここを居間やリビングとは呼ばず、「サロン」と呼んでいた。夫婦2人で食事をするのも、愛用のフィリップス社製のプレーヤーでレコードをかけて音楽に浸るのも、さまざまな友人や知人が集まり語り合うのもこのスペースであった。ここがまさにバフラな空間、旧前川邸の象徴的空間である。

旧前川邸のバフラな空間は、ただ広いだけでは成立しない。玄関からすぐに入れて、台所からもすぐにサービスができ、台所での音や匂いがサロンに侵入しないように扉で区切る配慮もしてある。天井が高くて十分な空気量があるので、大勢の人がいても暑苦しくなく快適である。南庭に広く張り出したテラスと床との段差を小さくし、建物の内外を一体にして使用することも考えていたと思われる。リビングと呼ばなかった意図は、プランにはっきりと現れている。

旧前川邸のサロンの大空間

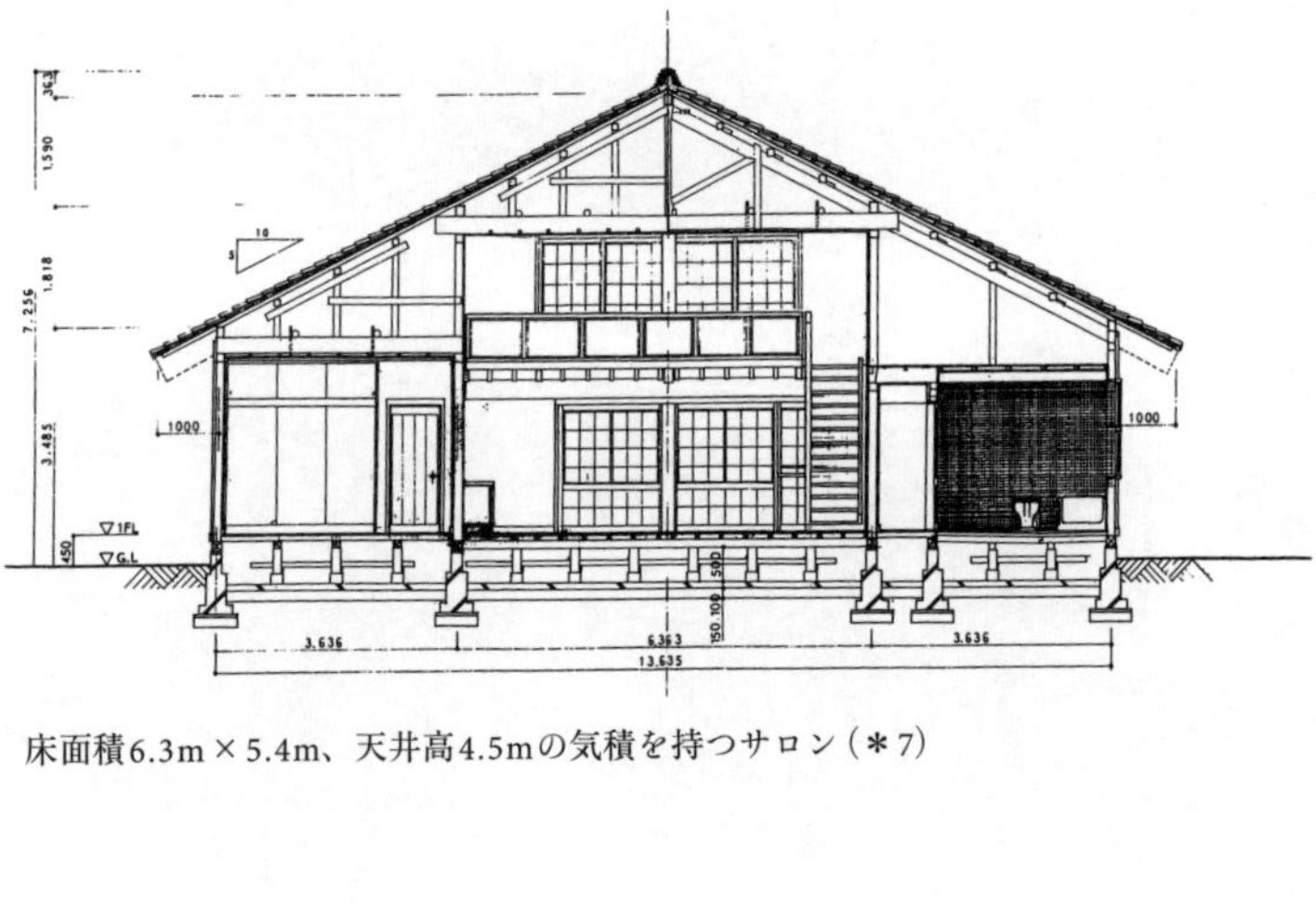

床面積6.3m×5.4m、天井高4.5mの気積を持つサロン（＊7）

実際、ここでたくさんの友人とおおいに語り合っている写真が残っている。

前川さんは、公共の施設に限らず、すべての建築をパブリックなものとしてとらえていたようだ。前川さんをして難しいと言わしめたパブリックな建築のパブリックな空間のデザイン、そのお手本を旧前川邸で体験してほしい。訪れる人々を今でも魅了し続けているこの空間で好きな音楽をかけ、ゆったりと流れていく時間に身をゆだねる前川夫妻の姿を想像してみてはいかがだろう。

プランが落ち着けばアプローチが定まる

どのような建物でも、設計に着手するときは、まず敷地を見に行く。敷地周辺の状況を把握することに努め、写真を撮り、メモを取り、事務所に帰って周辺を含めた敷地の模型をつくり、つくりながら現地の状況を思い出し、再認識をする。思い出せないことがあったら再度出かけていく。そのとき、最寄りの駅はどこで、どの方向からどのようなルートで人々がやってくるか、どこから建物に人々を導き入れようかとイメージしていく。

建物へは、利用するためにやってくる人、その施設を維持し運営する人、物品という3つの違った「もの」が出入りする。その3つの「もの」がどこからどう入るかによってプランは左右される。アプローチは部屋の位置関係だけで決まるわけではなく、意識してスケッチを進めていく中で、幾通りもの案が検討され、さまざまな要素が整合性を持ってバランスが取れて落ち着いたとき、プラン全体が収まったといえる。そのときには建物の上下関係の納まりも検討されており、空間の展開も方向づけられている。だからアプローチは、結果として建物の性格を体現することになるのだ。

「アプローチが決まれば、設計の80%は決まったようなものだ」と前川さんは言う。

埼玉県立博物館でのアプローチに対する前川さんの指示は、「臍《へそ》より入る」。臍とは建物の中心となる部分で、その建物としての根幹をなす象徴的な空間でもある。正面玄関は最寄り駅に背を向けるところに設け、大宮公園が見えるところまで誘導する。そこからぐるっと回り込んで、建築で囲まれた中庭を通り抜けた奥まったところ(臍)から、建物内部に人を導き入れている。このアプローチは、知らず知らずのうちに展示物と出会う心の準備をする道程でもある。

熊本県立美術館でも、日常の生活から美術品に出会う心の準備の道程としてアプローチを位置づけ、引回しの長い、スイングする経路にしている。ロビーの奥を掘り込んで東側に広がる

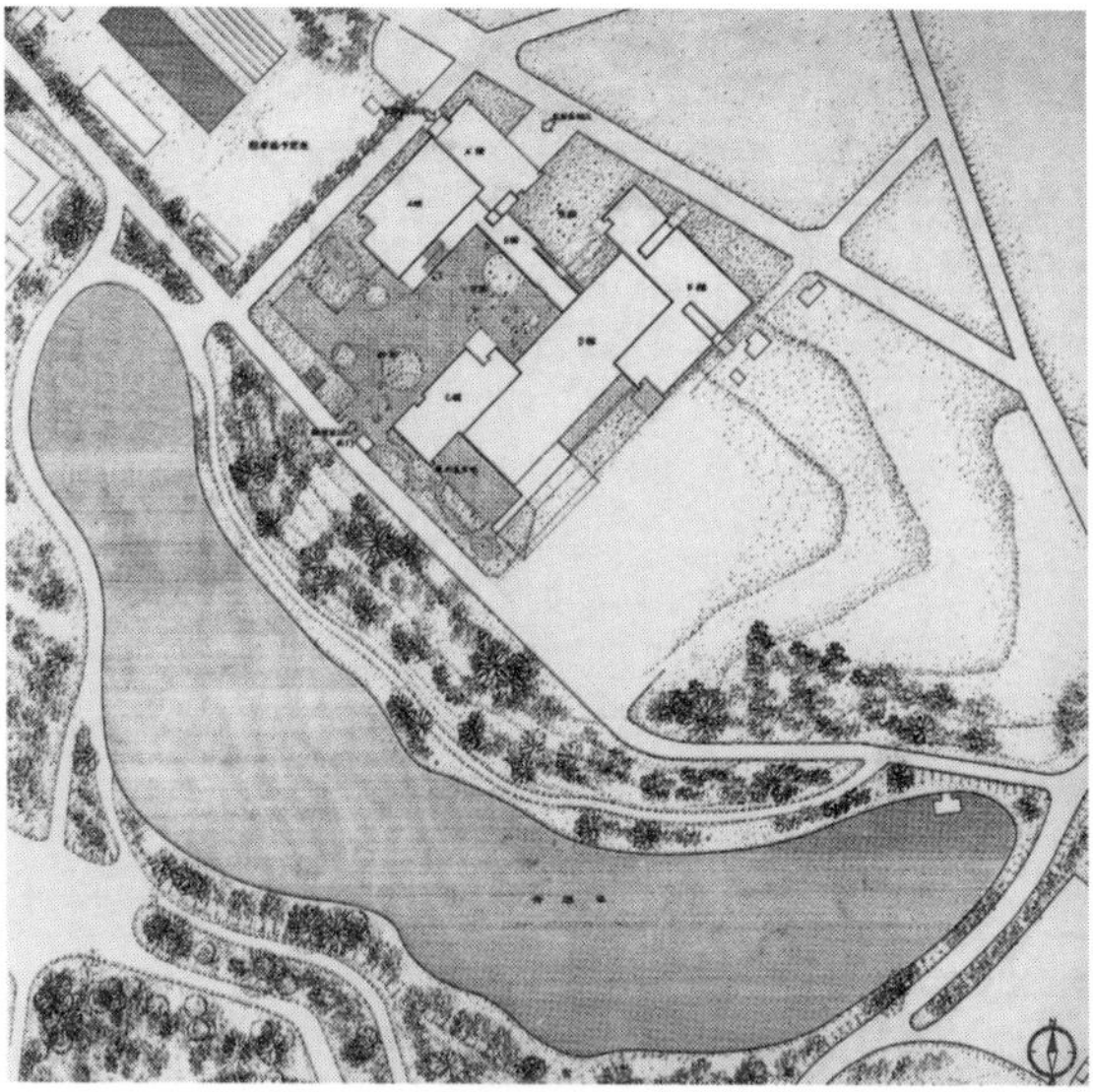

埼玉県立博物館　配置図（＊１）

埼玉県立博物館　中庭とエントランス（＊1）

熊本県立美術館　ロビーから展示室へ向かうアプローチブリッジ（＊2）

公園を建物内に引き込み、西側の庭へ繋げる空堀に橋掛かりとした展示室へのアプローチ階段はそのクライマックスで、ここではっきりと非日常性へと意識が切り替わる。この構成は、前川さんが熊本城を体験してインスパイアされ、プランを練っていく過程で熊本城の空間と同化していった結果生まれたものである。

国立国会図書館新館でも、本とどう向き合うかを考え、地下鉄の駅から本に出会うまでの道程を意識して外構を整備した。本館に沿って整備したアプローチにサクラの木を植え、大きな石垣で受け止めたあと左に視線を誘導し、新館にたどり着く。内部に入ると、天井を低く抑えたエントランスから一気に4層の閲覧室が一望できる吹抜けホールへと導き入れている。

国立国会図書館本館のサクラ並木のアプローチ

旧前川邸でも、日常の喧騒から自らを取り戻す場であるアプローチは、駅前を通る大通りから始まっている。大通りから生活道路に入り、やや下って一つ目の角を左に曲がり、突当りの道の途中に入口がある。門扉はなく、そのアプローチで左右に視線を揺さぶられながら玄関に至る。玄関を入ると左手の大扉が視線を受け流すように開く。開けた扉に遮られてサロンの吹抜けは一気には見えない。大扉の上には中2階があるため天井が低く抑えられていて、ワンクッション置いてから、いきなり高さ4・5mの大空間に解放される。

道路から右や左に身体の向きを変え、視線を移しながら、無意識のうちにメインの空間へと導かれる特徴的な前川建築の誘導の仕方は、自邸ですでにやってあったのだ。

江戸東京たてもの園という展示場に移築すれば、大通りから計算していたと思われるアプローチは消滅する。しかし、道路から建物までの道程を再現しなければ、前川建築の再建にはならない。たてもの園のメイン道路からアプローチを取ると、目黒にあったときの逆入り(南入り)となってしまう。前川建築にとって、アプローチは全体プランの一部であることから、目黒と同じ北入りにすべきである必要性を東京都に説明して、メイン道路の反対側に北側道路を整備してもらった経緯がある。

江戸東京たてもの園に再建された旧前川邸のエントランス

身の丈に合う

さまざまな条件に対して無理なく合理的に組み合わされた状態を、「身の丈に合う」と理解している。無理せず、熟考し、つくり手自らが責任を取れると判断してつくられたものには、バランスの取れた美しさが宿る。

前川さんは、「身の丈に合う」ことを大事にした。これは、つくり手の思いが先に立って無理を承知でつくり出したものは、他の条件を軽視しがちでバランスが崩れるので避けるべきだと言っているようにも思える。しかし一方で、目標を一段高く上げて試みることも大事なことであり、そこに発展がある。

「身の丈に合う」、そして、さらにそれを超える新鮮さがないと前川さんのＯＫは出ない。

前川さんのＯＫをもらうには、ちょっと背伸びをすることで到達できる可能性、それを見極める能力を養う不断の努力が必要である。最終的には、それを決心した者に生じる責任を受け止める覚悟も求められる。「ちょっとの背伸び」をしながらも、スケッチに込められた考え方を前川さんは見ていたと思われる。

旧前川邸の建設は戦時下で、建設資材が不足していたため大断面の長柱の調達はまず困難であったろう。30坪という延べ面積の規制もあった。その状況で、旧前川邸のサロンの大空間をどうやって実現したのだろう。

まず、少ない材積で大空間をつくることができるキングポストの洋小屋構造を採用した。また、この時代としては大きすぎる窓を動かすのに必要な金属レールの代わりに、堅木のレールに置き換えている。戦時下で、金属が特に不足していたことによる工夫である。さらに、2層吹抜けの中央を支える棟持ち柱は、当時としては入手しにくい4・5mもの長さであった。

さまざまな人たちが集まる空間にしたいという思いを、前川さんはこうして具現化している。身の丈に合ったところでぎりぎりまで突き詰めた合理性には普遍性が宿り、今日でも多くの人を惹きつける、魅力ある空間として存在している。

旧前川邸のサロンの大空間

居心地の良さ

埼玉県立博物館の設計で、プランニングが次第に固まってきて、樹木をできるだけ伐採しないように建物の配置を決めようとしていた時の前川さんの問いは、今でも忘れられない。

「居心地の良い広場はどのくらいの大きさか」

中庭のデザインを追求しスケッチを重ねていた時、建築で最も大事な「居心地の良さ」を置き忘れていることに気づかされた。居心地の良い大きさは、日本の在来の住宅であれば4畳半であろう。真ん中にコタツがあって、壁に背をもたせ掛けてちょうどよい広さ。家族が何となく集まり、ミカンの皮をむき、お茶を飲み、話に花を咲かせていた経験が私にもある。そのような居心地の良さを感じる外部空間の大きさは、24m×24mだという。

前川さんは、「人の表情がうかがえる距離だよ」とつぶやく。それ以来、室内の大空間も同様であろうと考えて、埼玉県立博物館の広場や国立国会図書館新館の吹抜け空間の大きさは、この距離感を意識して決めている。

事務所に入った当初、先輩から「トイレと階段が納められれば一人前だ」とよく言われた。場数を踏むうちに、トイレまわりのプランニングは、さりげなく利用できる出入り口の位置が目線の交わし方と関係しているとわかってきた。

目線の方向は、コミュニケーションの質と、居心地の良さに影響する。人は正式に会う場面、お見合いのように初対面同士であれば、互いに正面を向き合って座り、視線は真正面からぶつかり合う。やや親しくなってくるとテーブルの角を挟んで座るようになり、視線はぶつからず直交方向に走る。親しい友人同士であれば隣り合わせに座り、視線を合わさないで同じ方向を向く。これがより親密になると、視線はどこを見るということもなく、話に夢中になる。

居心地の良い広場の大きさを「人の表情がうかがえる距離」と言い添えた前川さんは、居心地の良い空間とは、そこでのコミュニケーションの質を意識した緻密な計画から生まれると伝えたかったのかもしれない。

旧前川邸の食事の場所は、北庭に面している。ここの食卓は厚いムクの甲板で、形はなぜか台形である。この形が気になって、設計を担当した崎谷さんに聞いたのだが、彼は設計していないという。台形の食卓は前川さんがつくったのだ。

旧前川邸の台形のテーブル。座った目線に合わせて大谷石の壁に開口がある

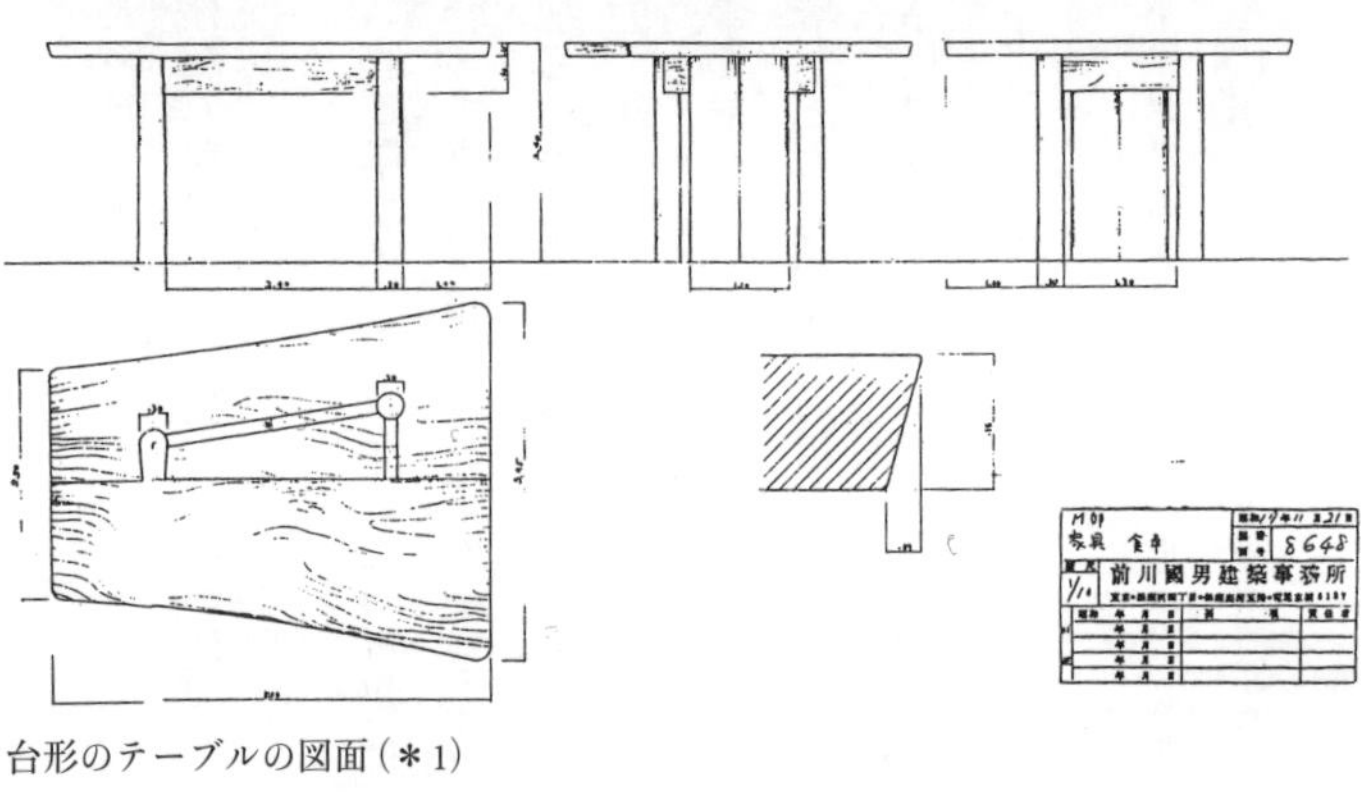

台形のテーブルの図面（＊1）

最近、これは視線の方向が関係しているのではないかと思うようになった。台形のテーブルだと互いの視線がずれることで、なごむ位置関係が生まれる。しかも庭のほうに開く形になっているので、自然と視線が庭に向き、木々や草花、鳥などが目に入ってくる。台形にはこのような仕掛けがあると気づいたのである。

前川夫妻には子どもがおられなかった。お子さんがおられれば別の展開があったであろうが、大人2人の食卓というヒントから、食卓の形にまで居心地の良さを追求していた前川さんを発見することができた。

食べるところにこだわりなさい

前川建築において、食事をする場所は人々の動き全体が見えるところに置かれていることが多い。神奈川県立図書館・音楽堂のレストランは、当初、図書館と音楽堂のつなぎのピロティの上にあった(今はこの場所にはない)。ここは、図書館と音楽堂が共有する前庭からピロティを通って裏手の公園へ抜ける道の上階に当たる。図書館と音楽堂の両方から入ることができて、この建物に集まってくる人々の動きが一望できる位置にある。東京文化会館でも、エントランス、大ホールのホワイエ、小ホールのアプローチの斜路を臨む要の位置にあるチェックポイント（もぎり）の上にレストランを置いている。

熊本県立美術館では、ロビーの突当り、堀を切った向こう側に喫茶コーナーを設けた。広場にテラスを突き出して美術館と広場を繋いでいる場所、展示室から出てきたところに位置する。国立国会図書館新館では、4層吹抜けのホール1階に設けている。

このように前川建築では、食事をしたりお茶を楽しむところは、人々が行き交う姿が見えるところに設けることが多い。初期の日泰文化会館のコンペ案でも、すでにその原型が見られる。静けさを求められ、やむを得ず落ち着いた場所に飲食スペースを配した施設では、飲食の経営に苦戦し、経営者がたびたび変わっている。

「食べるところは大事だよ」、前川さんはよく言っていた。

旧前川邸の食事スペースは、サロンの北側、中2階で天井高さを抑えた落ち着いたところにある。そこからは、訪れてくる人を木々の間からうかがい知ることができる。玄関前にはサロンと視線を切るように大谷石の壁が設えられているが、食卓からの視線を考慮して、その壁の下部には開口が設けてある。食卓から訪れる人の気配が感じられるようにしてあるのだ。

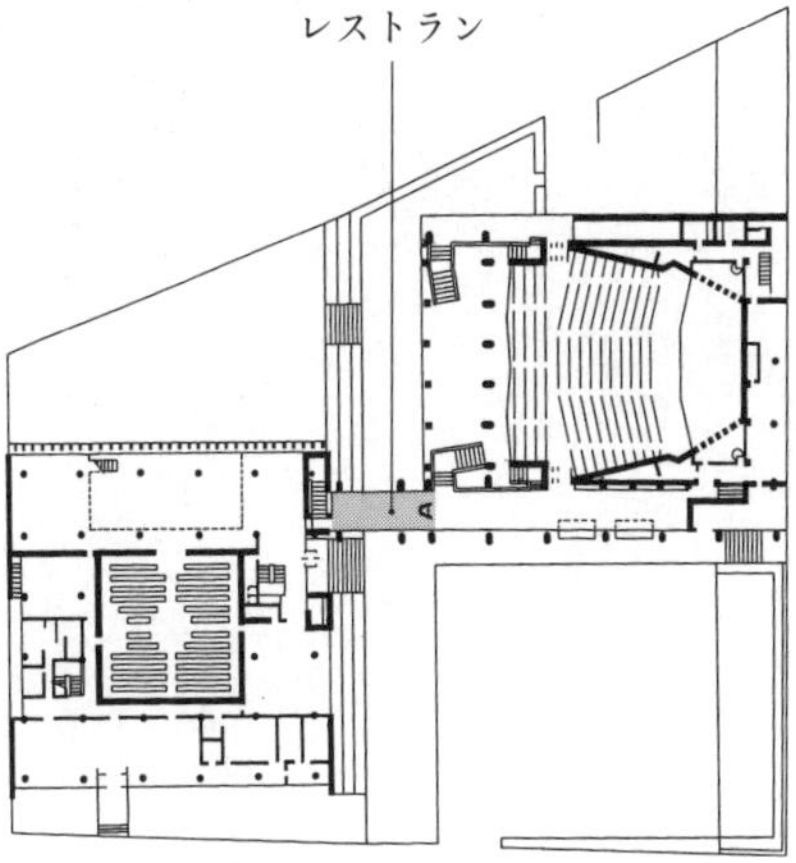

神奈川県立図書館・音楽堂　平面図（＊1）

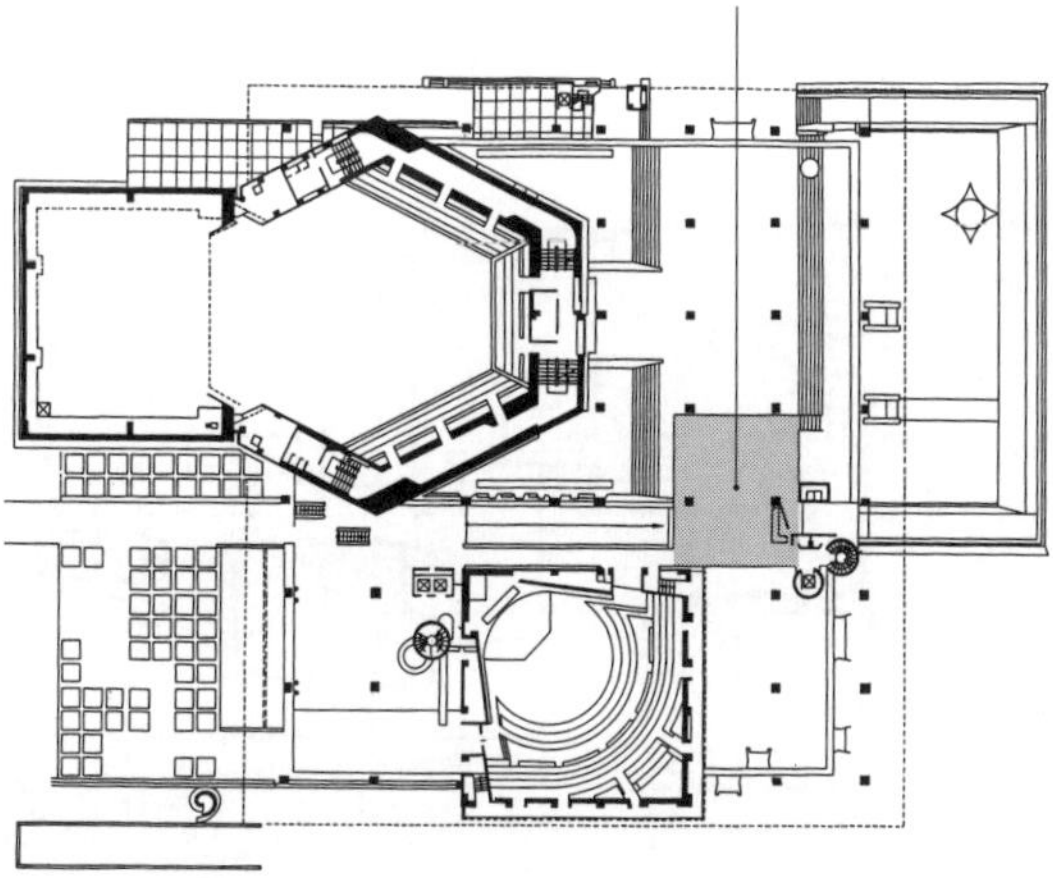

東京文化会館　平面図（＊1）

熊本県立美術館の喫茶コーナーに併設されたテラス（＊2）

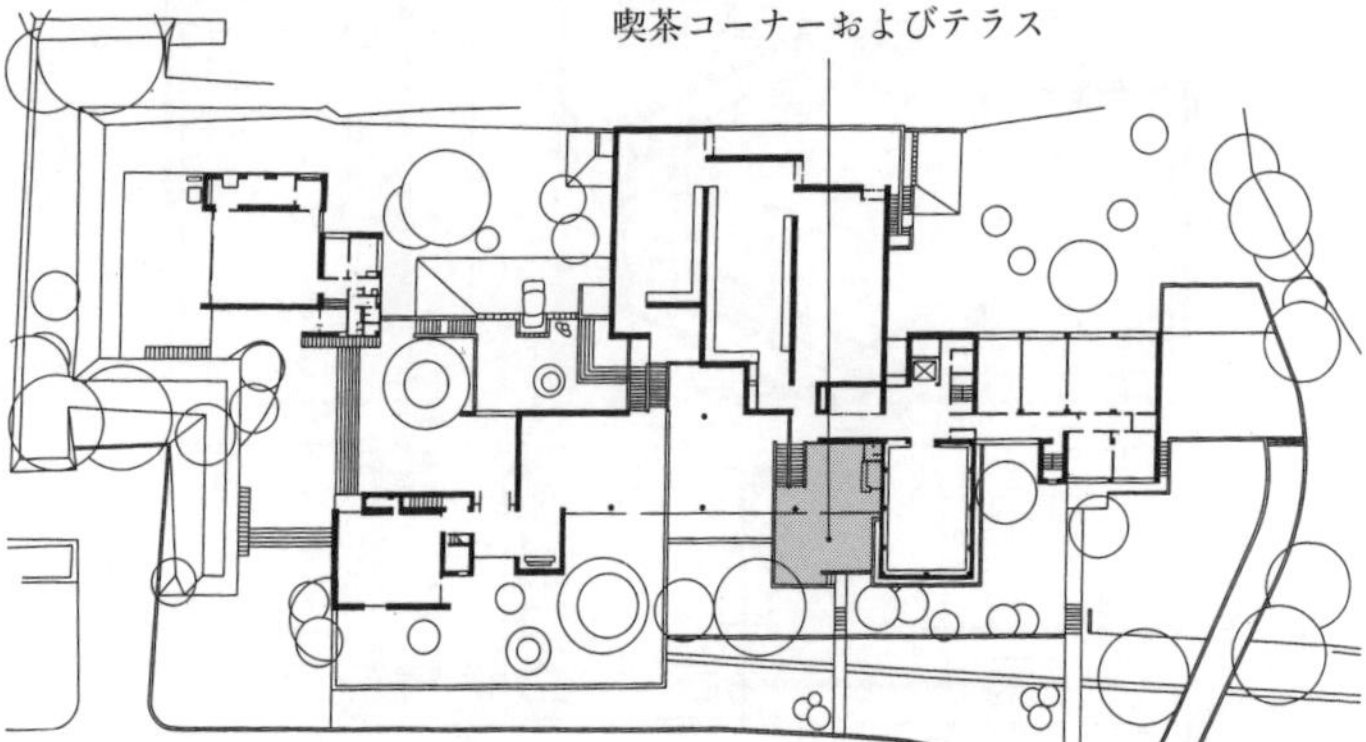

熊本県立美術館　平面図（＊1）

旧前川邸の食事スペース。サロンの北側、中2階の下に位置する

無言で素通り

事務所として確立してくると前川さんは、30人を限度としてそれ以上所員を増やさなかった。四谷の事務所は30人がちょうどよい広さである。前川事務所に入る時に、「事務所は週5日制で、休みのうちの1日は休養、あとの1日は自ら勉強する日」と事務員から聞かされた。前川さんが事務所に1日8時間いたとして5日間で週40時間、前川さんがその4分の3を所員とのやりとりに当てたとして、1人当たり週1時間でしかない。前川さんが考えていることを所員に直接伝えられる時間は意外と少ないのだ。その代わり前川さんは、毎日のように所員の席を回り、スケッチを見ていた。

スケッチが重なっていないと、前川さんは素通りして行く。話をするに足るだけの熟考を重ねたと認めた者だけに、前川さんはその貴重な1時間を当ててくれる。「お言葉」がない、ということがいちばん厳しい教育であった。しかし放任ではない。スケッチを繰ることで所員の考えていることをつかみ、前川さんが考えていることが理解できているか、伝わっているのかを見ていたのだと思う。

一方、旧前川邸の設計をしていた頃の戦前は、所員と前川さんが一対一対応で練り上げていったのではないかと思われる。

君なら10年もつ

国立国会図書館新館の設計担当を私が仰せつかったのは、熊本県立美術館をつくり上げて四谷の事務所に帰って来た35歳の時であった。前川事務所には、経験豊富なあまたの先輩がいる。わが国の出版文化の成果を記録、保存して後世に伝えるための建築で、しかも永田町のど真ん中、７００００㎡を超す大事業である。「35歳の若造に、なぜこの建物を担当させようと思ったのか…」、担当を命じられた時から竣工の日まで、ずっと心に引っ掛かっていた。竣工の日に建物を案内しながら、思い切って聞いてみた。

前川さんは、さらっと言う。「君なら10年もつと思ったから」

振り返れば、調査を含めて設計に5年、工事に入って5年の歳月を費やし、竣工を迎えるまでにほんとうに10年かかっていたのである。その後、私と国会図書館との関係は、前川事務所を退職する72歳まで、機構改革に伴う改修や保全、および旧耐震で設計された本館の改修と、27年間付合いが続くことになる。新館の設計を仰せつかってから数えると、ほぼ40年にわたる。前川さんがそこまで見通していたかは、今となってはわからない。

施工中の現場に前川さんをお連れした時、「君、建築は１００年だよ。１００年建築だよ」と言われた。設計を請けた時すでに、でき上がるまでに最低10年、建物の寿命１００年と見通して、誰を担当にしてどのようなチーム編成を組むのか、建築をつくっていく過程だけでなく管理・運営の体制まで熟考し、建物にかかわる時間を総体としてとらえてチームを設計されていたのかもしれない。

最後に、地下に8層重なる地下書庫へと案内した。書庫には、書庫で働く職員のために地下8階まで掘り下げて光の庭をつくった。地下4階から地下全階を貫き1階まで見通せる場所に立ったなり、「う〜ん」と前川さんは固まってしまった。私にはとてつもなく長い30〜40分が経ち、一言、「アイーダの4幕だ」と言った。この3週間後に亡くなった、オペラ好きの前川さんの最後の建築批評であったのかもしれない。

1986年6月3日、国立国会図書館新館を見学する前川さんと著者（＊2）

私にとって旧前川邸は、入所した頃にお訪ねした程度のかかわりしかない。後にコンクリートで建て替えることになり、隣の席の崎谷さんのところで解体作業が始まった。

移築を織り込んでの解体作業を横で見ていただけの私が、旧前川邸の設計担当者であった崎谷さんから引き継いだかたちで、江戸東京たてもの園での復元を担当することになった。崎谷さんは退職する時、ぼろぼろになるまで手元に置いて使っていた『高等建築学体系　木造編』を経師屋に出した。薄い和紙で裏打ちして修復し、再製本したそれを私に譲り渡してくれたのだ。その書物は、木造住宅の構法から住宅設備まで扱っており、戦前の住宅を理解する貴重な資料であり、旧前川邸を理解する上でたいへん参考になった。とはいえ、解体してから長い年

国立国会図書館新館　書庫の光庭（＊8）

月が過ぎた旧前川邸を部材から復元するに当たっては、旧前川邸を知るさまざまな人に参画してもらい、知恵を出し合っていただかなければまとめられなかった。

前川さんは晩年、「人間の存在は、はかない。その存在を建築に託すことができるのではないか」とよく口にしていた。再建する場所は変わってしまったけれど、旧前川邸に託された前川國男という建築家の存在を後世に伝えるために必要だったのは、やはり、先輩から後輩へと繋げていく前川さんのチームづくりでした。

花はなぜ美しいか

新たにものをつくり出すとき、何日も何日もトレーシングペーパーを重ねて鉛筆を走らせ、ああでもないこうでもないと悩んでも答えが出ず、ノイローゼになる寸前の一瞬の閃きで解決策が生まれることがある。ここまで追い込まれた末の閃きこそ、すべての条件を満足して矛盾が解かれた方策に繋がり、バランスの取れたデザインが生まれることがある。今まで私にも、そんな経験が何度かあった。

入所して初めて与えられたテーマは、埼玉会館の広場（エスプラナード）の床のデザインであり、１００㎜×２００㎜の２色のタイルで４０００㎡を描くことであった。１年の時間が与えられた。広場のタイル割りだけに所員１人を１年間張りつかせるのが前川建築事務所である。「よし、やろう！」と意気込んで取り組んだのだが、間もなく壁にぶつかった。素材は１対２のプロポーションの単純なタイル、色もたった２色であり、考えつく貼り方のバリエーションは１カ月も経たないうちに出尽くした。

１年は長い。やみくもに製図板に向かっても鉛筆が動かない。ようやくデザインの糸口が見えたのは、テーマが与えられてから３カ月を過ぎた夏の夜。夕立のあとで乾き始めた道路のアスファルトのひび割れ模様が街灯の中に浮かび上がる。その美しさに感動した瞬間の閃きである。その時にデザインの手がかりをつかんだ。

前川事務所では、床のデザインに１年かけた前例がある。東京文化会館である。私の鉛筆が

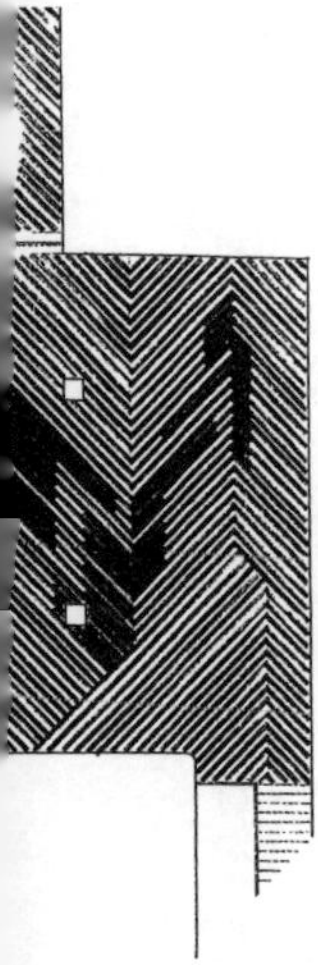

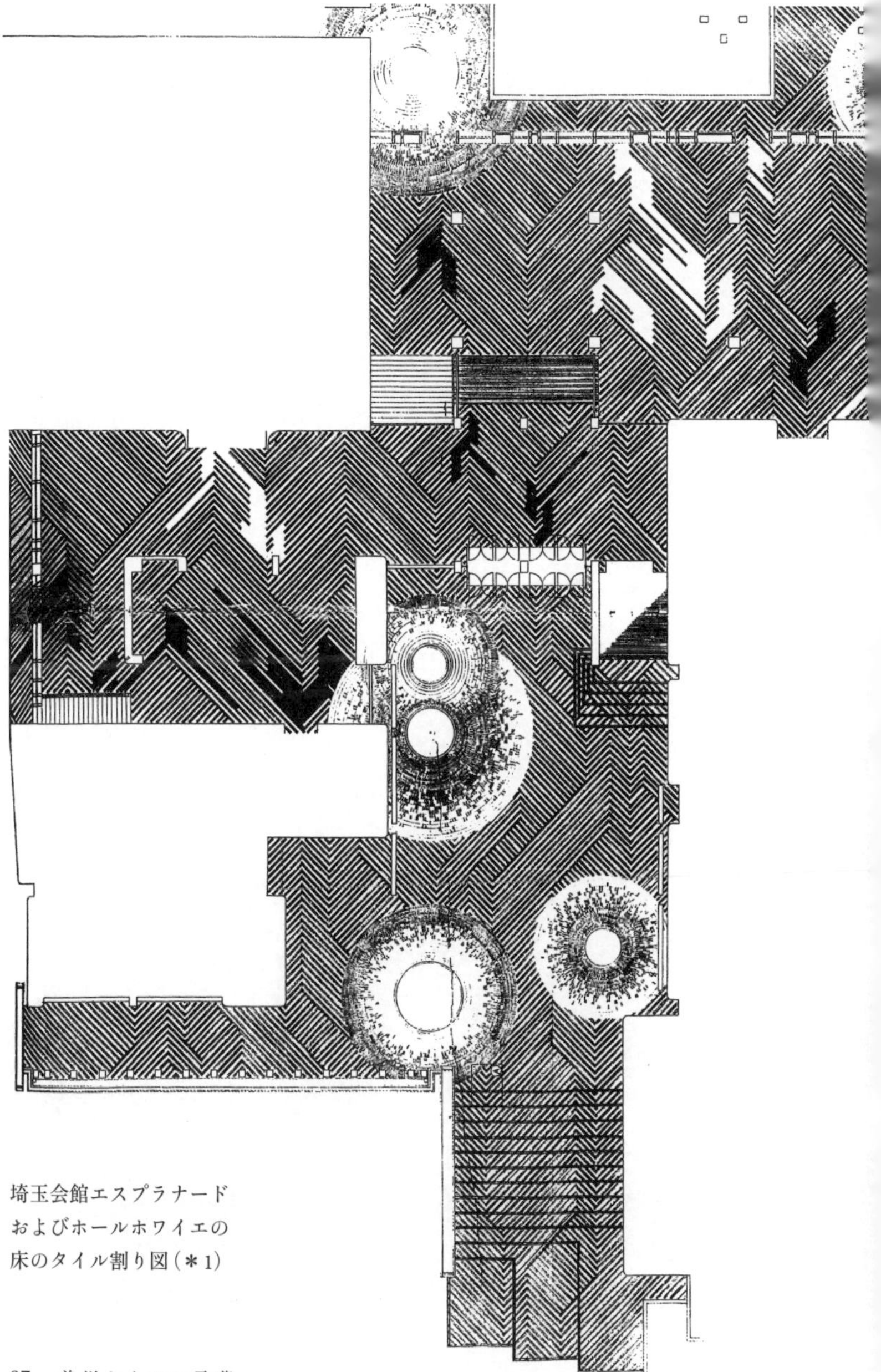

埼玉会館エスプラナード
およびホールホワイエの
床のタイル割り図（＊1）

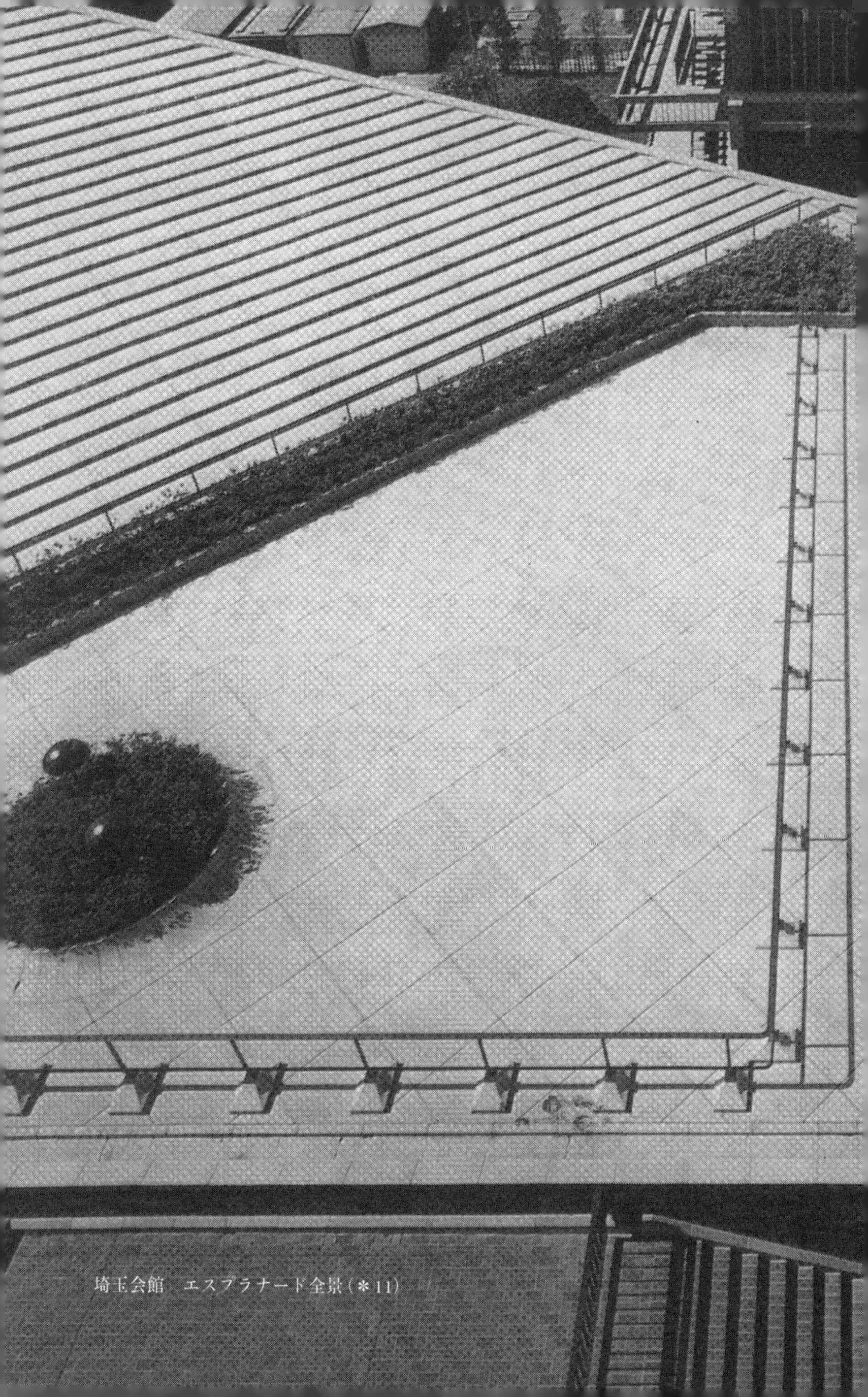

埼玉会館　エスプラナード全景（＊11）

滞ると先輩たちが、「東京文化会館も1年かけた」と声をかけてくれた。

今思えば、前川さんもそうだったろうと思われる瞬間がいくつか思い浮かぶ。埼玉県立博物館の基本設計ができて埼玉県知事に説明し、基本設計の了解を得て事務所に戻った途端、前川さんからプランの基本的な組立て方への変更指示を受けたこと、熊本県立美術館ではプランを決定づける展示室への入り方を上下階段の位置をちょっとずらしたことで解決策を見出したこと…、理屈では説明できない前川さんの瞬時の閃きであったかもしれない。

これらはいずれも、建築のあるべき姿への方向を決定づけている。こうした閃きが生まれるときこそ、さまざまな矛盾を解き放ち、全体が整合性を持ってバランスする一瞬である。ノイローゼになるほど考えたご褒美であるかのように、前触れもなく向こうから舞い降りてくる。


「君、花はなぜ美しいか」


晩年の前川さんから問われて、答えに窮したことがある。すべてのものがバランスして、自ら責任を持って存在するからこそ美しい。「それは、自らの責任でそこにあるからだよ」と、しばらく経ってから教えてくださった。

建築は、その敷地を前提に設計される。別の場所に移築された建築は、当初計画されたバラ

図面に向き合う前川さん（1970年初夏、MIDビルの設計室にて　＊12）

ンスとは異なる環境に置かれることになる。前川さん、そこは不本意かもしれませんが、江戸東京たてもの園に建つ旧前川邸は、多くの関係者が自らの責任で事に当たりました。その1点だけは断言できます。

第3章　前川邸を探検しよう

心を静める道程

日本の空間構成の特質として、視線の向きを変える、くぐり抜けるといった身体の変化を伴う空間の転換を図り、その転換を幾つか経ることで意図している空間に自然と導き入れる手法がある。その典型の一つに茶室がある。

私の空間意識に深い影響を与えた、裏千家・今日庵における学生時代の体験を紹介しよう。喧騒な外部から守るように茶の空間を囲い込んだ塀のくぐり戸は小さく、腰をかがめて中に入ると、一変して打ち水をした緑の茶庭に迎えられる。茶室へは、さらに小さなにじり口をくぐる。こうした姿勢の変化や質の異なる空間の展開で意識が切り替えられ、茶室に入る頃には心が静まっている。茶室の床の間に飾られた一輪の花に至るまで、亭主は客に思いをはせ、すべてを組み立てて客を迎え入れるのである。

旧前川邸は、奥が深い。ただ玄関までの距離が長いということではない。前川さんは、敷地の南側に生えていたケヤキを活かし、建物を敷地の中央に置くことにより南庭と北庭をつくる

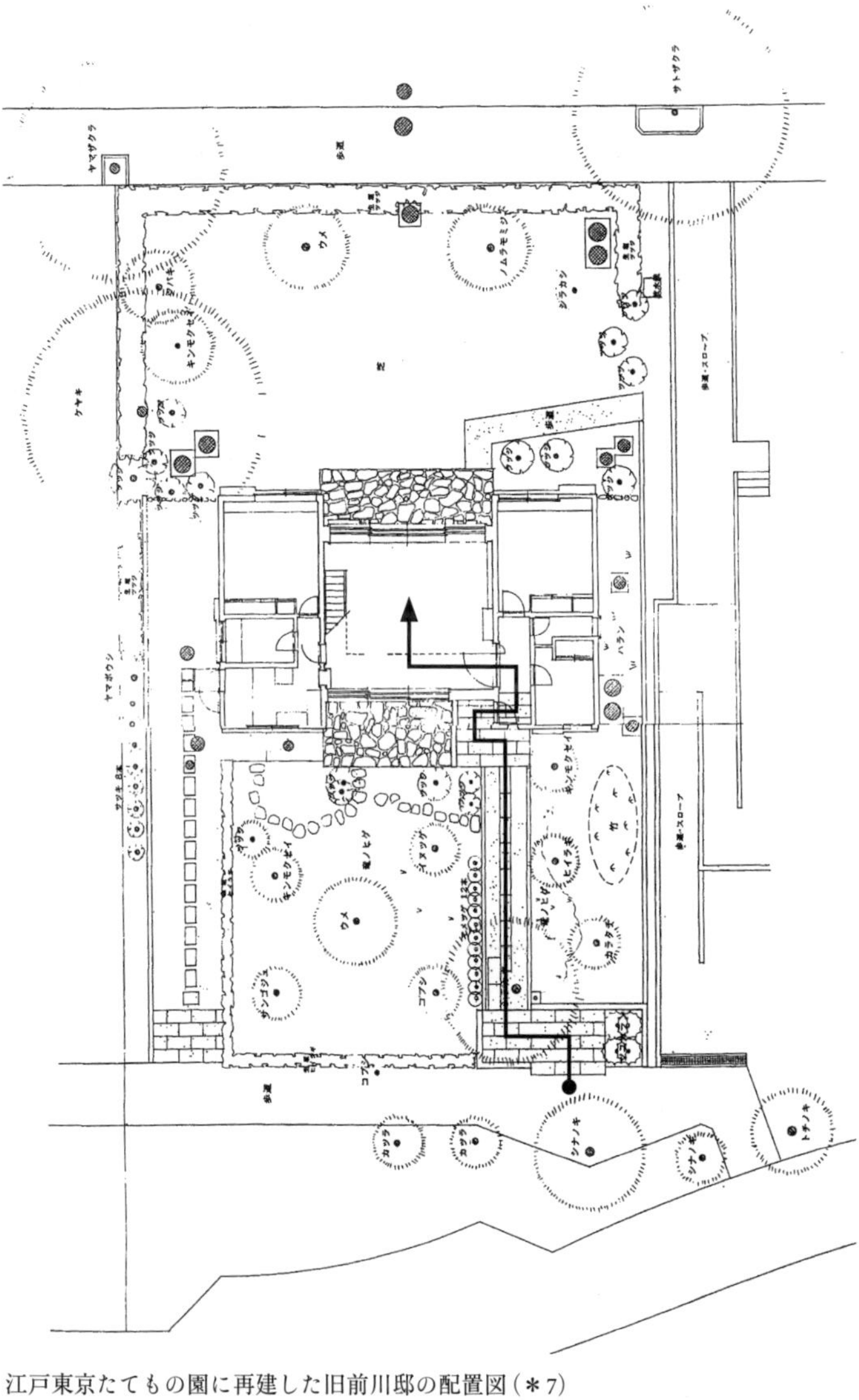

江戸東京たてもの園に再建した旧前川邸の配置図（＊7）

ことで、十分なアプローチの距離を確保できると、敷地と対面した時に直感的に感じたのだろう。その道筋は、家の中心となるサロンまで、ほぼまっすぐであるが、そのサロンにたどり着くまで、身体の向きがこまめに変わる。北側の道路から入り、北庭を左手に見ながら歩くと、前方のより明るい南庭まで目が誘われる。低いL形の壁や庭などで視線が左右に揺さぶられているうちに、道路からは見えなかった玄関の前に立っている。実際の距離以上に、細やかな変化を感じさせる導き方である。

建物に入ってからも細やかな変化が続く。アプローチ空間の伸びやかさに比べて玄関は小さめで、靴脱ぎの段差も低い。玄関からメインの部屋であるサロンに入るときには、中2階があるので高さは抑えられている。しかし、数歩も歩くと、南面に大きく明るく開く、天井の高い吹抜け空間の中にいるのである。南側に大きく開けるこの予想外の展開が、一層の効果を生む。移築前の敷地の南側は崖となっていたので、当時のこのサロンからの眺めは、遠方まで視界が広がっていたことであろう。

天井まで開いた南側の大きな窓は、鴨居で上下に切り分けてある。下の窓には雨戸を付けてあるが、雨戸は格納できる納まりになっていて、両壁いっぱいの開口を確保している。直射光が差し込んでまぶしすぎるときは障子を閉めればよい。鴨居の上のほうは格子の組子だけで、格子や庭のケヤキの影を白い漆喰の壁がしっかりと受け止め、ゆっくりと動いて時を刻む。奥

3

1

4

2

北側道路から室内に至るまで。こまめに身体の向きが変わる

天井までの大開口をもつサロン

の深いアプローチは、道路の取付きからこの大きな窓まで続くものとして計画されているのだと思う。前川さんらしい空間の組立てである。

主人と使用人の部屋の設えは変わらない

旧前川邸の各部屋の仕上げは、基本的にどの部屋も同じである。来客用の寝室も、使用人の部屋も、前川さんの寝室も、壁・天井は漆喰塗り仕上げ、床は椈（ブナ）の縁甲板張り、押入れの戸はベニア張り、出入りの戸は板目を生かした突板張りである。家人・客人・使用人の分け隔てなく同じ仕上げであることは、前川さんのリベラルな側面を示している。

使用人の部屋には、身の回りを整える専用の洗い場が置かれている。トイレも家人用とは別に、来客と兼用のものを玄関脇につくっている。使用人が家人に気兼ねすることなく独立して生活できるように、一通り設えてあるのである。使用人の部屋（お手伝いさんの部屋）の床は、設計時は他と同様の板の間であったが、前川さんが工事途中で変更し、畳敷きにしたようだ。というのは、担当した崎谷さんが描いた図面では板の間であったからだ。しかし、復元に際して部材を調査すると、部材の痕跡からこの部屋には掃出し窓を設けていたことが判明した。掃

来客用の寝室（たてもの園では書斎として設えてある）

使用人の部屋　専用の洗い場

出し窓はここが畳敷きであったことを物語る。工事中に前川さんが変更したのだ。「田舎から出てくる女の子が戸惑うことなく生活ができるよう、畳のほうがよいであろう」と考えたのではなかろうか。

「建物ができ上がるまでが設計である」、設計変更も設計のうちであると、前川さんは常に言っていた。自邸で前川さんが生活を始めた当初は、同居人はお手伝いさん1人であった。しばらくしてお手伝いさんの娘が同居することになり、前川さんは結婚するまでここに3人で住んでいた。

自邸でも前川さんはでき上がるまで設計を続け、その検討はお手伝いさんの生活様式にまで及んでいたのである。前川さんは、人を大事にとお題目を唱えるだけの人ではなく、生活でそれを実践していた。

前川さんの、この「人を大事にする建築」という姿勢は、及ばずながら私も心がけてきた。国立国会図書館新館では、図書館で働く人も利用者と同様に大事にしたいと考えた。地下の書庫で1日中働く人がいる。その人たちのおかげで本と出会えるのだと考えれば、終日地下階にいても外の様子が感じ取れるようにしてあげたい。自然の光を地下まで導入するもくろみを立て、地上から地下8階まで自然の光が届くように書庫に穴をあけ、トップライトを架けた光庭を設けた。

モダニストの瓦（ザッハリッヒカイト）

前川さんは、てらてら光るものを好まない。旧前川邸の椈（ブナ）の縁甲板張りの外壁も、はじめはペンキ塗りではなく柿渋を塗ることにしていたという。京都まで足を運び柿渋を決めたらしいが、関東では柿渋を入手することが難しいことがわかり、結果的にはオイルステイン仕上げとした。当時としてはオイルステインも珍しく、前川さん自らペンキメーカーに足を運びスペックを決めたと聞く。

長年住み慣れた旧前川邸を建て替える際に、解体した部材は軽井沢の別荘に運んで保管していた前川さんだが、その際に屋根瓦も運んでいる。瓦は重く大量であったため、庭の一角に野積みにされていた。再建することになった時には大部分が土に埋もれ、まさに放置状態であった。瓦は一見すると問題なさそうに思えたが、調べてみると、細かな亀裂が入っていて使える状態ではなかった。土に接していたので瓦に水気が浸み込み、寒暖の差で凍害を受けたと思われる。そのため、瓦は復元（再現）するしかなかった。

瓦を復元するために、どこで瓦がつくられたのかを調べてみたところ、瓦の文様から能登でつくられたことがわかった（『復元工事報告書』に詳しく記載）。しかし、同地ではすでに瓦の生産工場はなくなっていて、復元の瓦は能登に近い北陸の工場で生産した。

戦前は全国各地で瓦がつくられていたが、今日では生産地は幾つかに集約される。中部地区の三州瓦、近畿の淡路瓦、奈良の飛鳥瓦などが有名である。旧前川邸に使われていた能登の瓦は釉薬のかかった照りのある黒い瓦で、寒冷地仕様である。てらてら光るものを好まない前川さんがこの能登の瓦を使った理由は、今となっては不明である。あえて想像すれば、前川さんの合理的な考え方の延長で、耐久性を重視して採用したのではないだろうか。以前、東北の雫石で寒冷地仕様とカタログにうたってあった瓦を採用し、2年で凍害を起こした事例を見た。設計者責任が問われる事故であったが、最終的には生産者の責任となったと聞いている。そのことを考えると、前川さんが釉薬のかかった能登の瓦を使用したことは納得がいく。

前川さんは即物的なもの、一様なものを「ザッハリッヒカイト（即物的）だ」と言ってOKを出さなかった。打込みタイルでも、一様にしか焼けないトンネル窯で粘土の配合を調節してでも、単窯でしか出ない味わいのある色むらを出すことにこだわった。旧前川邸の建設当時は、単窯で瓦を焼いているので色むらが出て、屋根は豊かな表情を見せていたのではなかろうか。また、本来瓦屋根は傷んだものを取り替えて葺き直すので、新旧材が入り交ざって点描画のようになる。それを考えると、前川さんは時間軸を考えに入れて、時代が入り混じった味わいの

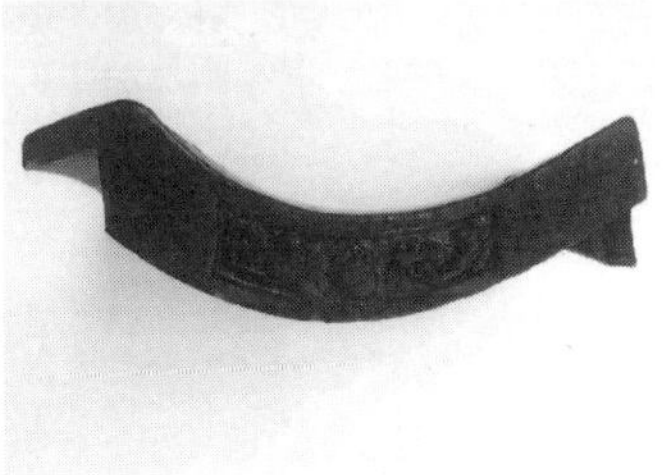

上）復元瓦を葺いた屋根（＊1）
下）復元後の屋根

上）野積みされていた瓦（＊2）
下）能登瓦（＊1）

ある屋根をイメージしていたようにも思える。

復元に当たって再現した瓦は、すべてをトンネル窯で焼いた新材に変えたので屋根の様相は一様となり、釉薬をかけた瓦なので、なおさらてらてら光る黒い屋根になっている。前川さんが見たら、「ザッハリッヒカイトだ」とお叱りを受けるかもしれない。

大扉に隠された意図

旧前川邸の玄関からサロンに入る大扉は、大きい。大きさは1600㎜×1860㎜、回転軸を端部から5分の1のところにずらして、扉がよじれないようにバランスを取っている。この大扉は、シャルロット・ペリアンの山小屋計画案にあったスイングドアを参考にしたと、設計を担当した崎谷さんから聞いた。扉の端部が壁にぴったりとつかずに隙間があいていることで空間の流れができ、玄関とサロンを仕切る扉としての機能だけではなく、家全体の空間の動きを自然な形で表現する効果を生み出している。

設計当初の案では、この大扉の吊元がサロン側から見て右側になっている。設計担当者の崎谷さんの発案なのか、施工中の前川さんの指示なのか不明であるが、家ができた時には、吊元

大扉をサロンから見る

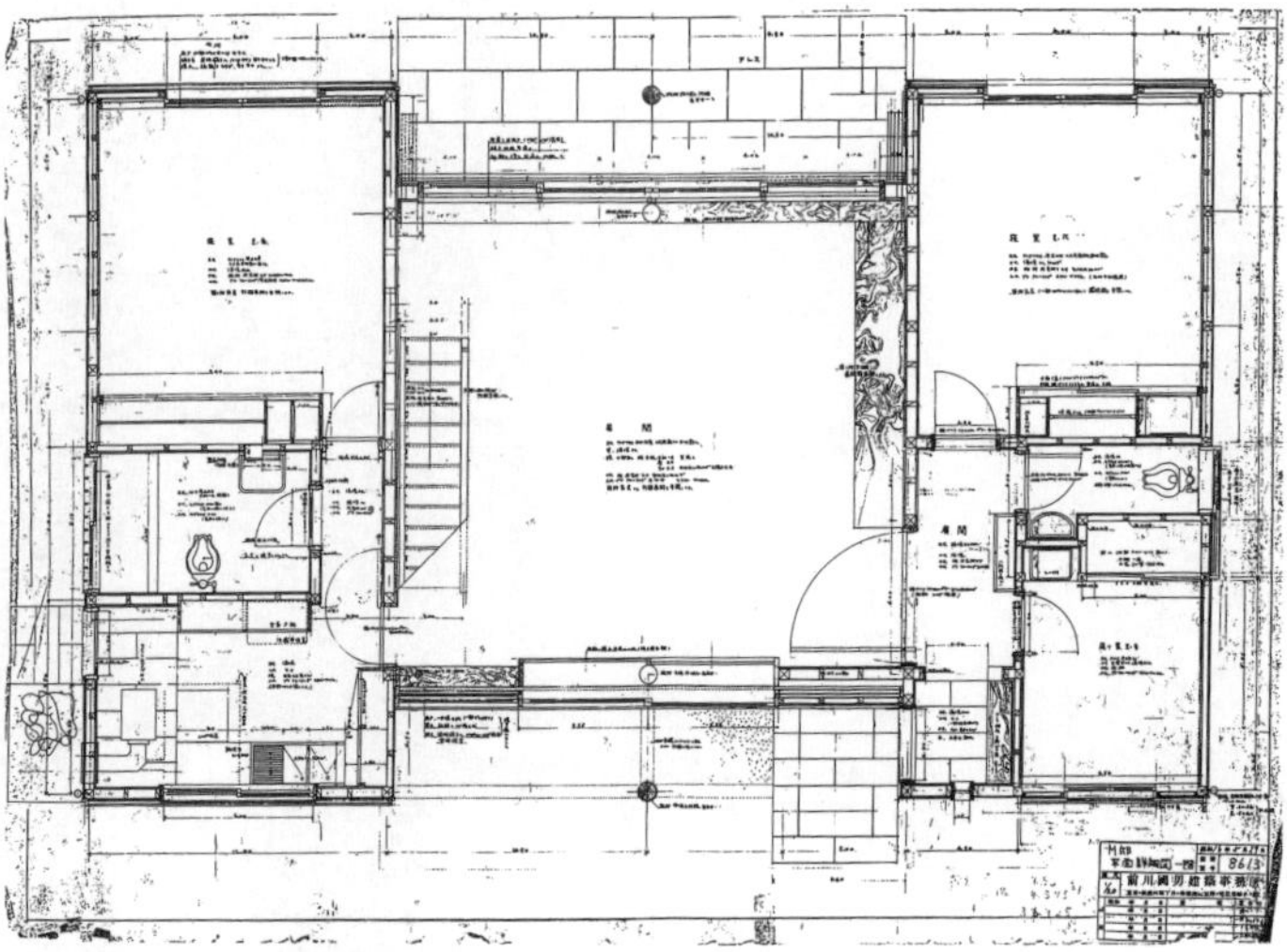

設計当初の平面詳細図。これを見ると、大扉の吊元の位置が当初は北側だったことがわかる。台所や浴室へと通じる扉の位置も、当初は今よりも北側だった（＊1）

廊下から見た大扉の吊元

大扉がサロンへの視線をいったん遮る

はサロン側から見て左側に変更されている。もし設計当初の案のままだとすると、玄関から入るときにサロン全体が見えてしまうことになる。実施案ならば、開いた大扉が視線を受け止め、サロンの全貌は遮られる。扉が開く方向を変えることにより、大きな空間へ入るときのタメをつくっているのだ。

この大扉の開き具合で、玄関からのサロンへの入り方が多様に展開する。半開きにしておけば、誘うように迎え入れることができる。全開にすれば、アプローチからの流れのままにサロンへと導く。実によく練られた扉の設計だと思う。

大扉の仕上げは葛布貼りである。糸の太さが一様ではなく手づくり感が残っている。色もあえて人工的に染めずに、自然のままの色合いで使っているため、素地表しの木材、漆喰の白い壁と同化している。前川さんが選んだ調度品や置物などとともに息づき、前川さんの生き方が表れているように感じる。

台所は玄関の反対側の東ウイングにある。台所とサロンを仕切る扉は、玄関からサロンに入ったときに正面に当たる壁に付く。この扉を開けて出入りする際に台所がまともに視界に入ってくることを避けるために、浴室・洗面・トイレをまとめた水場の扉と壁でサロンからの視線を受けている。扉の位置は中2階に上がる階段の下、設計図よりもさらに階段の下側に引き寄せて（サロンから見て右寄りに）納めている。しかも、扉の上部をアーチ状に加工してい

東面の壁の構成を妨げないサービス用扉

台所の扉は階段ぎりぎりに寄せている

扉を開けても台所は視界に入らない

るので、角々しくない。メインの扉である大扉との対比でオーダーを落とし、目障りにならないようにサロンのインテリアのバランスを取りながら空間になじませている。

木のレール

旧前川邸の建設当時は戦時下で、新築建物の規模と材料に対して制限があった。金属の使用に対しても制限がかかっており、前川さんの苦労の痕跡が残っている。

間口いっぱいにとった南側の開口の幅は、3間半（約6370㎜）もある。ここの4枚引きのガラス窓は通常のものより大きく（1枚の幅が約1・59m＝3間半の4分の1）、これにガラスが入るため、かなり重くなる。引き戸のレールはガラス戸の重量を受けるので、これだけの大きさになると、今日では当たり前に金属レールを使う。しかし、当時は金属の使用が制限されており金属レールとするのが困難であったため、前川さんは檜（ヒノキ）の敷居に椈（ブナ）の木を埋め込んでレールにしている。

この堅木のレールは、70数年を経た今日でも問題ない。なお、動くものは必ず摩耗するので、取り替えやすいほうを軟らかい材料にするのが常道である。

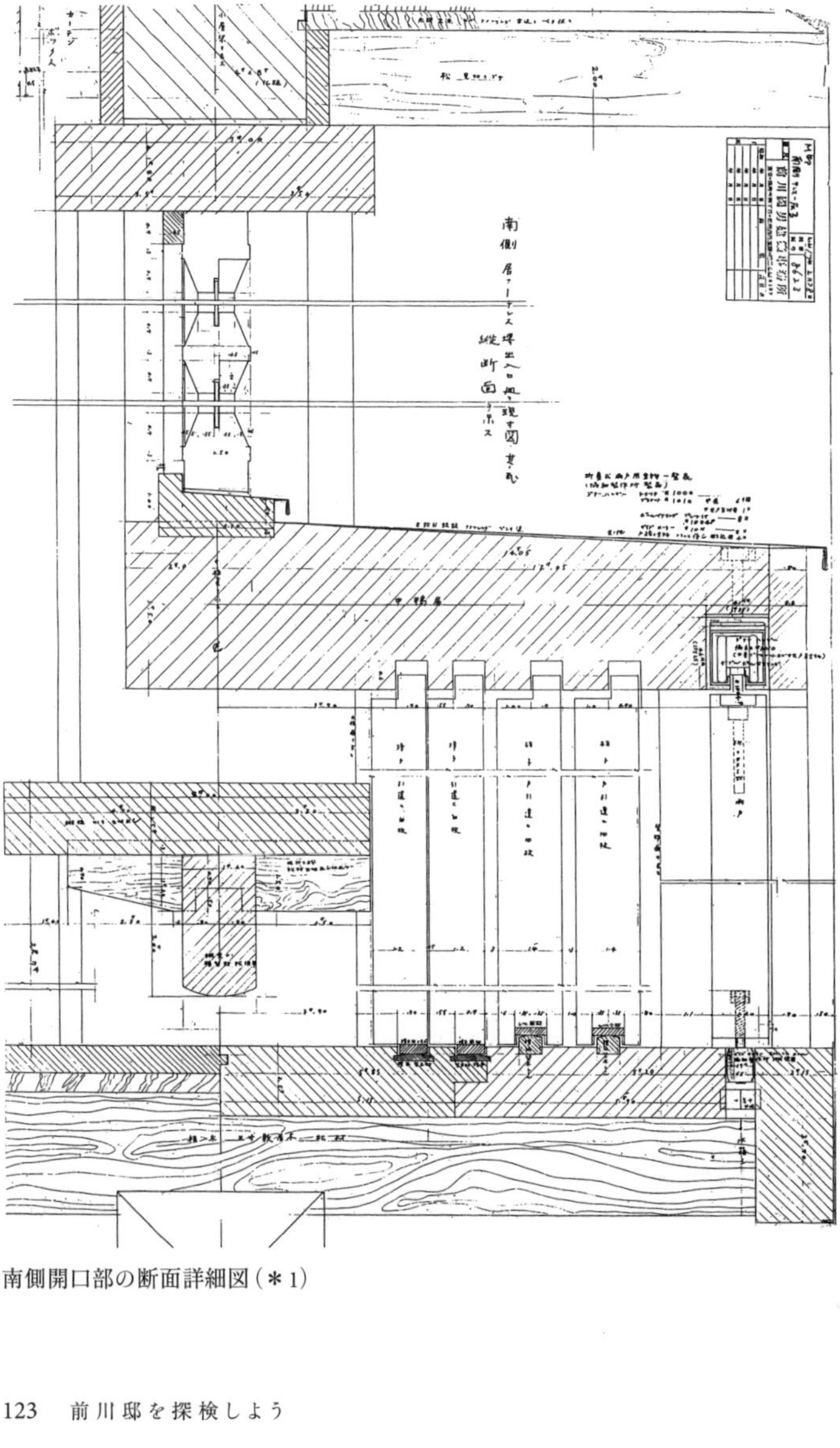

南側開口部の断面詳細図（＊1）

見慣れないドアノブ

旧前川邸の玄関ドアの錠前は、当時としては珍しい外国製のものであった。他のドアノブや丁番も、よく見かけるものとは違う。

前川さんは、建具金物に対して一家言を持っている。埼玉県立博物館建設の折に私が選んだ候補を報告したところ、「錠前を含む建具金物は、まず、故障が起きないものにするように」と注意を受けた。建築のトラブルは水まわりか建具の建付けと相場は決まっていて、事前にトラブルの発生を回避するのが常道であると教えられた。それからは、単価よりも性能を最優先して建具金物を選ぶことにした。その後に手掛けた建物では、30～40年の間、建付けの問題は起きていない。

旧前川邸の建具金物は、前川さんがあらかじめ買溜めしていたものだと設計担当者から聞いている。どうも当時の日本の建具金物は未成熟であると、前川さんは思っていたようだ。

玄関扉、サロン大扉、個室および水まわり各室の扉のドアノブ、丁番、水栓

雨戸を開けてみよう

雨戸は、シェルターの穴である窓を防御するものだから、内と外に連なる空間の流れを阻害する傾向にあり、設計上苦慮するところでもある。

旧前川邸の雨戸の納まりは、独特の工夫がしてある。見学に連れて行った学生に「雨戸を開けてごらん」と言うと、あとで必ず歓声が上がる。

通常の住宅の窓は、部屋内から障子・ガラス戸・雨戸という構成であるが、旧前川邸のサロン北側の窓は障子・雨戸・ガラス戸という構成になっていて、雨戸がガラス戸の内側にある。これは、冬季に寒気を入れないようにガラス戸を閉めたまま雨戸を操作できるように意図したのではないかと思われる。また、北面はアプローチなので、雨戸が前面に出てくるとデザイン上透過性が失われることを嫌ったのではないかとも思われる。この北側の雨戸は、室内側から見ると左側の玄関脇の壁の中に収納され、日中はその存在を感じさせない納まりとなっている。

サロン南側の窓は、部屋内から障子・ガラス戸・雨戸という通常の構成である。東ウイングと西ウイングの2つの長方形の箱で挟まれ南北に大きく開放されているサロンは、その間口

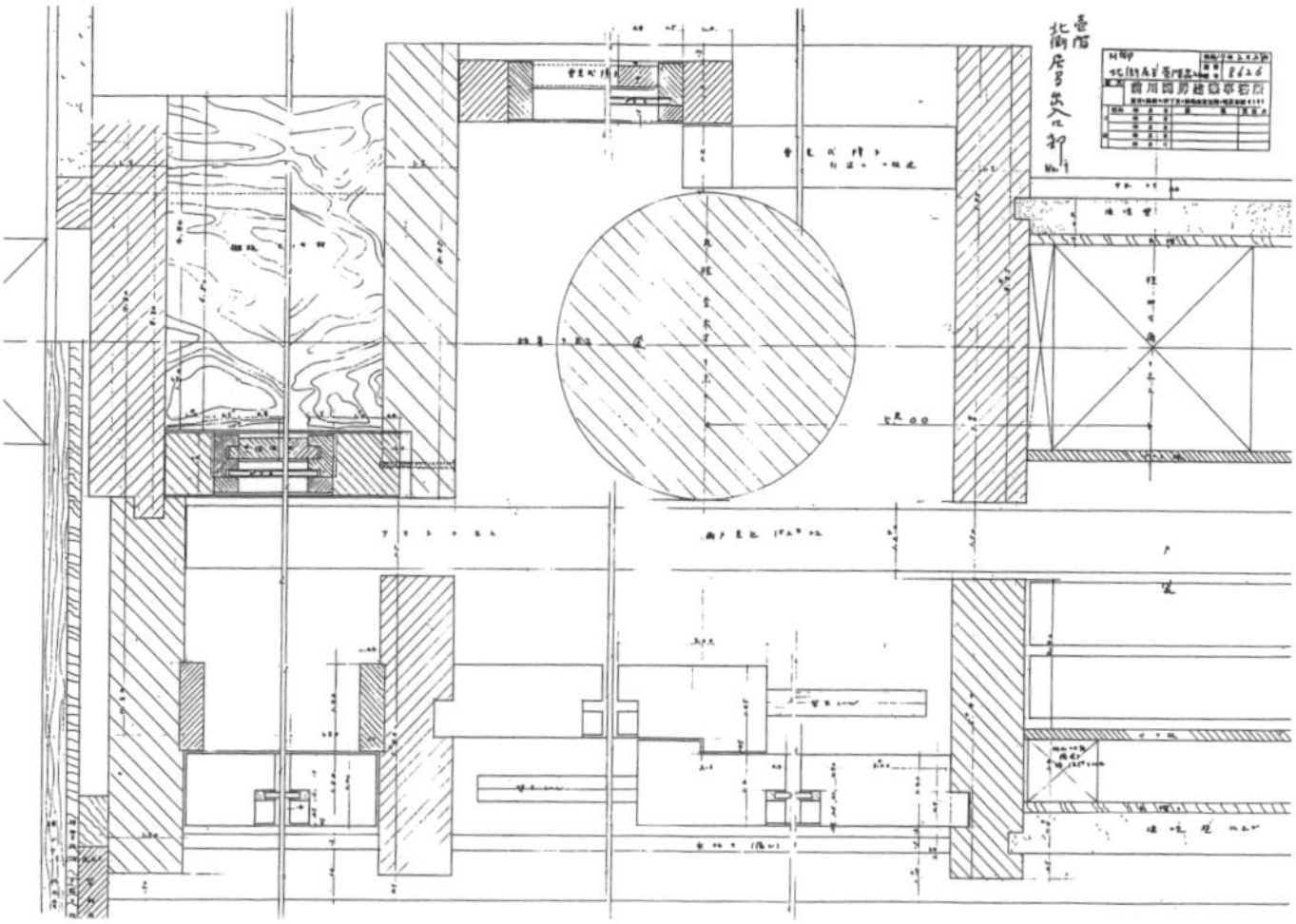

1階北側開口部の断面詳細図（＊1）

1階北側開口部の雨戸。ガラス戸を閉じたまま操作できる。
左手壁の奥に雨戸、障子を収納

南面大開口の雨戸の収納過程

いっぱいを開口部とすることで開放感を確保しているため、開口部の両袖には雨戸を引き込む壁がない。そこで、雨戸をいったん東側に引き寄せて戸袋に収納し、収納した戸袋ごと回転させて東ウイングの箱の外壁に引き寄せて固定するという方法をとっている。小壁を出して納めているので、固定した戸袋の小口は室内からは見えない。安全確保の機能を持つ雨戸を設けながらも南側全面が開くように考えた、からくりめいた納まりである。

安全確保の面からいえば、この2層分の大開口を長押で上下2分割し、下方には雨戸を、上方には格子をはめ込んでいるのも理にかなっている。

下駄箱を探してみよう

前川さんが大学卒業と同時にシベリア鉄道でパリに行ったのは有名な話である。伯父の佐藤尚武がフランスの国際連盟にいたこともあって、前川青年は第一次世界大戦が終結して10年後のパリに立つ。戦後の復興を成し遂げ、新しい時代を迎えて生き生きとしていたパリで、22歳の前川さんはコルビュジエの下で建築修業に励みながら毎晩のようにオペラや演奏会に通っていたようだ。この生活スタイルがその後の前川さんに影響しないわけがない。パリでの生活を延長したいと思いながらも、滞在先の伯父から2年と期限を切られて帰国する。

フランスから帰った前川さんはレイモンド事務所に入り、1935年に独立する。その3年後に親元を離れ、当時としては最先端の「野々宮アパート」(設計：土浦亀城)に移り住む。

いよいよ自邸をつくるに当たり、移動は車なので靴が汚れることはないとして、家でも靴を脱がない生活を考えていたようだ。設計当初は玄関に靴脱ぎ線がなかったと、設計担当の崎谷さんから聞いた。

あとになって、やはり家では靴を脱ぐことにしたようである。靴脱ぎ線が生まれ、外部である土間の部分と室内とを上がり框で区切ることとした。靴脱ぎ線のところで靴を脱いだり履いたりするので、上がり框はそこに座って靴紐を結ぶのにほどよい高さに落ち着くのが普通であるが、旧前川邸ではこの段差が小さく、框と直交方向の壁に沿って腰掛け棚を設けている。

しかし、靴を脱ぐことにしたのに、玄関には下駄箱がない。

下駄箱がなく、壁にコート掛けがあるだけなので、玄関はすっきりと納まって見える。だが、来訪者の多い前川さんの生活スタイルに、この玄関はいかにも狭い。私としては、玄関は来客が帰る際に家族全員がそろって見送ることができる幅、一間の幅は確保しておきたいと考えている。

さて、玄関から消えた下駄箱はどこにあるのだろう。実は、寝室の押入れの中に靴を納める棚が設けてあり、押入れの延長としてデザインして寝室としての設えを整えている。ここに、靴を脱がないという前川さんの生活イメージが残っている。

玄関

押入れに納められた下駄箱(右下の引出し)

大きなラジエター

旧前川邸のサロンの暖房ラジエターは、住宅用としてはかなり大きい。天井が高く、気積が大きいこの空間を過不足なく暖められるよう、設計担当者は自ら熱量を計算し、前川さんの了解を得てラジエターの容量を決めたという。ラジエターの大きさはインテリアの印象をかなり左右することから、暖房機としての性能と、置いたときのボリュームの両方を見ながら検討していたのだろう。

建築をつくり出す状況が複雑になっている今日、さまざまな要件を踏まえる職能は細分化され精緻な検討が行われるようになっているが、それを統合してバランスの取れた空間をつくる責任を負っている建築家は、自分が確信を持って判断できるよう、熱量計算まで手掛けた前川さんの建築づくりに学ぶことが一層求められているように思えてならない。

このラジエターを入手するに当たっては、レイモンド事務所出入りのテーテンス事務所に協力してもらったと聞いている。

壁の構成としてデザインに組み込まれたラジエター

小扉を利かせる

旧前川邸の東ウイングにある台所の勝手口には、小扉付き扉（ダッチドア）が付いている。ダッチドアのアイディアは丸善で売っていた『オランダのディテール集』から拝借し、この本を参考にしながら設計したと、担当者の崎谷さんから聞いた。扉を施錠したまま上方の小扉だけを開けておくと、安心して通気を確保できると考えて採用したという。

また、台所とサロンを仕切る扉の脇にある小窓は、前川さんの要望で設けたそうだ。来客の様子を見ながら料理などをサービスする場面を想定していたのだろう。生活を細やかにイメージすることができると、こうした小扉や小窓をうまく利かせることができる。

ただし、このような小窓はくせものなので注意を要する。ある住宅で、ダムウェーターの幅よりも取出し口の小窓の幅が狭かったために料理が通らなかったという話を聞いたことがある。什器のルートの確認は欠かせない。

東面の勝手口。扉の上半分が開いて通風を確保する

台所の壁に設けられた配膳用小窓

ワンちゃんのために

床は、部屋の雰囲気を左右するほど大事なものである。スウェーデン大使館の保全業務を担当していた時、ヨーロッパでの暮らしは床は板張りをベースに、必要に応じてカーペットを敷く習わしがあることを学んだ。団らんの場のコーナーにはカーペットを敷き、その上にソファーを置く。食堂では、壁際の30～40cmほど床板が顔を出すようにしてカーペットを敷き、食卓と椅子を置いていた。

前川さんもまた、縁甲板張りの床の上にカーペットを敷いて暮らしていた。ところが、1961年の雑誌『建築』で紹介された写真を見ると、床にはPタイル（プラスチックタイル）が張ってある。建設当時の設計図には「椈（ブナ）の縁甲板張り（厚1・7cm×幅9・7cm）」と記載されており、1956年の大改修の際、縁甲板の表面を3mmほど削ってPタイルに張り替えたと聞いた。

なぜ、床を張り替えたのだろうか。

よく孫は目に入れても痛くないというが、前川さんは「ワンちゃんは目に入れても痛くな

1961年頃のサロン。室内で犬を飼っていたため床はPタイル張りに変更（＊1）

前川さんが描いた犬のスケッチ（＊1）

復元ではサロンの床を椈（ブナ）の縁甲板張りに戻した

石張りのテラスと連続していくサロンの床

い」と言ってもおかしくないほどの犬好きであった。前川夫妻には子どもさんがおられなかったので、愛犬の存在が大きかったのだろう。前川さんのスタディー用スケッチブックにも〝ワンちゃん〟のスケッチがある。彫刻家の流政之さんに犬の彫刻をつくってもらって、前川さんの還暦のお祝いに所員一同からプレゼントしたこともある（この彫刻は、今でも前川事務所のエントランスに鎮座している）。

さて、Pタイルだが、前川さんは当時では珍しく室内で犬を飼っていたので、掃除のために水に強いプラスチック素材で床を張り替えたと思われる。

旧前川邸の復元の際には当初の姿に戻すという方針としたことから、床は椈（ブナ）の縁甲板張りとした。

棟持ち柱の伝説

旧前川邸の棟持ち柱は長さ4・5mもある。戦時下の資材不足でこれだけの長さの柱材は入手できず、電信柱を流用したと伝えられている。

しかし、復元作業を進めていくうちに、電信柱流用説はある種の伝説かもしれないと思うよ

長さ4.5mの棟持ち柱。復元に当たり丸柱に戻した

建設当時の丸い棟持ち柱（1941年頃　＊13）

うになった。復元に当たって旧前川邸で使われている他の部材を確認したところ、当時としては、かなりの良い材料であったからだ。戦時下の資材不足の状況の中でこれほどの材料が手配できたのであれば、棟持ち柱もあるいは建築用資材だったのかもしれない。

前川さんは1956年の大改修の時に、構造補強として南面に大々的なブレースを入れたが、そのブレースをがっしりと留めるために、丸柱であった棟持ち柱を角柱に置き換えている。そのため当初の丸柱は現存していない。丸柱が電信柱であったのか否か、真偽のほどは不明である。

もし電信柱だとすれば、当時の大工は電信柱を建築材料として均一の径の丸柱に削る技術を持っていたことになり、技術の高さがうかがえる。

納めるところが空間を生かす

住宅は、物を置いておけるスペースがないと住みづらい。日常生活でよく使うものの収納は押入れでことが足りるが、それとは別に、季節の切替えに伴うさまざまなもの、生活が積み重なってくると溜まってくるもの、それらを納めておく場所がないと、寝室を寝室として、居間

中2階の壁に取り付けられた小扉。扉の奥が屋根裏収納となっている

を居間として整えることが難しくなり、空間が壊れてしまう。

旧前川邸には、設計当初の計画には明記されていない「ものを納めておく場所」がある。建設当時は延べ床面積30坪という制限があったので床を張って部屋として整備することはできなかったが、後年、西ウイングの上部と大屋根の間、つまり屋根裏を収納場所にしているのだ。中2階の西側の壁にある小さな扉の奥が屋根裏の収納部屋である。これは、結婚前の夫人からの要望であったと聞く。

時間を取り込む

自然光は時間の経過とともに向きが変わり、光の質が変わっていく面白さがある。この面白さは、それなりの時間をかけてその場にとどまらなければ味わえない。

復元した旧前川邸のサロンのソファーに座り、格子やケヤキの影が移ろう様を見ながら、若い時のことを思い出した。奈良にある秋篠寺の早朝の凛と引き締まった空気の中、伎芸天の足元を連子格子の影がスーッと走っていった時の驚き、トップライトからの自然光を白い布で受け止めたロンドンのテイト美術館で、ターナーの絵の様相が時々刻々と変わっていく凄さに動

熊本県立美術館　右手のスリットから差し込む午後の光の反射で、塗りむらのあるロビーの大壁が赤く燃える（＊2）

けなくなるほど感動したことを。

熊本県立美術館ではロビーの壁の色にこだわった。熊本城側に開いているロビーを受け止めている西側の大きな壁、前川さんの了解を得て有明海の夕陽と称してわざと塗りむらのある仕上げで塗った壁と、赤みを帯びた打込みタイルを砕いて石粉に混ぜて塗った左官の壁を掻き落として仕上げた吹抜けの屏風状の壁である。

朝は熊本城側からの陽光にサッシュの影が床を走る。昼前後は影の時間、午後2時から3時頃になると西側に回った太陽の光が、塗りむらのある仕上げで塗った大壁にスリット状に穿たれた窓から差し込んで、そのハレーションでロビーは燃えるような空間に変化する。さらに時間が経過して夕方になると光は柔らかくなり、夕陽に含まれている赤いスペクトルの光が、白っぽい掻き落としの壁を鮮やかなピンク色に染める。このように、時間の経過による光の質と方向の変化を織り込むことができれば、建築空間をより味わい深いものにすることができる。

旧前川邸のサロン南側の開口は、上部が格子になっているのでサロンの白い漆喰壁に影を落とす。影は時間とともにゆっくりと形を変え、動いていく。窓はガラス面が大きければよいとは限らない。格子という小さな区割りがあるからこそ、影の形の変化に気づくのである。注視することなく視線が空を遊んでいるときでも、その変化に気づかされる影の大きさである。

せわしなく見学して回るだけではなかなか気がつかないが、ここで生活しているつもりでサロンのソファーにしばらく座ってみるといい。格子窓の影の動きを感じているうちに、いつの間にか時間が経っていることに気づかされる。この時間軸を組み込んだ4次元空間の豊かさを体験しないでこの家を去るのは、いかにも惜しまれる。

仕上げの種類は少ないほどよい

旧前川邸の仕上げはシンプルである。天井と室内壁の仕上げは漆喰、外壁は椈（ブナ）の縁甲板張りオイルステイン仕上げ、床は椈（ブナ）の縁甲板張り。リベラルな前川さんらしく、

時間とともに格子の影が移ろう4次元空間のサロン

冬の午後に差し込む光と影(＊7)

部屋を使う人にかかわらず、すべて同じ仕上げである。そういえば、前川事務所第1期生で大先輩の大沢三郎さんから「仕上げは種類が少ないほうがよい」と教えられたことを思い出す。前川さんの建築は、仕上げの種類を抑えることで、かえって空間が浮かび上がってくる。

近年、漆喰仕上げは少なくなった。下塗りを亀裂がしっかりと出るまで十分乾かして、長さ70cmの麻紐を半分に折り、30cmピッチでチドリに打った釘に結び、下塗りの際に塗り込めて仕上げる。下塗りが完全に乾燥しないままで上塗りをかけると、仕上がりに亀裂が生じたり、天井の場合は剥離して落ちることがあるので注意を要する。実は、今回の再建でも、仕上げた天井を一度落としている。

驚いたトイレの色使い

旧前川邸の浴室やトイレの色は、当初の建物が解体されたため物証がない。前川さんが浴室やトイレの色を決めたと聞いている。事務所の諸先輩に集まっていただき聞きただしたが、ほとんど曖昧で、記憶力抜群の先輩の意見に諸先輩の意見が集約されて決定した。

復元した浴室の壁は白のモザイクタイル貼り、床は黒のモザイクタイル貼り。浴室には脱衣

浴室。壁は白タイル、床は黒タイル、便器の便座の蓋は黒

客用寝室に設置された洗面器

来客用トイレ。壁・床は黒のタイル貼り

室がなく、浴槽、便器、洗面器の3点が同室であるのも当時としては思い切った設えである。白い便器の便座の蓋が黒であるというのには驚かされた。一方、玄関脇の来客用トイレは、壁と床が黒のモザイクタイル貼りで、便器は白。かなり印象的なデザインである。

各寝室に洗面器が置かれているのには違和感があるが、前川さんの合理的精神からすると納得もいく。

幾つもある衛生器具は、当初の設計図に書き込まれている製品番号からメーカーを探し出し、かつてのカタログからメーカーの設計図を探してもらって調達し、廃番になったものは新たにつくって再現している。

第4章

前川事務所の仕事のしかた

設計は二者択一の繰返し

事務所に入ったばかりのフレッシュマンに、「設計とは、二者択一の繰返しだよ」と口癖のように前川さんは言う。設計の良し悪しは、二者択一の作業をどれだけ繰り返すことができるかにかかっているということを伝えたかったのではないかと受け止めて、できるだけ多くのことを経験し、多くの視点で検討する素養と能力を養うようにとのメッセージであると理解した。その後の私の長い設計活動に影響を与えた言葉である。

小さい子どもでも、リンゴとミカン、どちらか好きなほうを選びなさいと言われたら、的確に自分の好きなほうを選ぶ。ミカンが好きだとして、いろいろな種類のミカンを出されたら、どれを選ぶか迷ってしまう。人は選択の経験を重ねることで、資質と能力が養われる。培われた経験によって、二者択一を繰り返す度合いが異なってくる。さらに、携わっている人の資質と能力により、二者択一の作業の内容が方向づけられる。

前川事務所においても二者択一の内容は担当者によって異なるが、前川さんの納得したものだけが具体化することになるのだから、それぞれ異なる過程を経てできあがった建築でも、それはまさに前川建築となる。

二者択一の作業を重ねることで、さまざまな要素の関係の矛盾を解き、全体としてバランスあるものとして定まり、建築となってまとまる。納得のいくまで検討を重ねてできあがった空間は、材料のバランス、ディテールの納まり、部材のプロポーションなど、さりげなく全体として目に引っかかるところがなくなり、ただただ空間がそこにある状態になるのだ。

建築という虚構を支える細部

『前川國男のディテール　熊本県立美術館を通して』という本の序文で前川さんは、「ディテールのリアリティーと真実に支えられなければ、建築という虚構は瓦解する」と、エミール・ゾラの「細部の真実に支えられなければ、小説の大きな虚構は瓦解する」を引用して建築を語っている。このディテール集は、前川さんのディテールに関するメッセージが聞きたくて、出版社（彰国社）に一つの建物でディテールまで含む1冊の本をつくる企画を持ち込み、まとまったものである。前川さんのディテールに対する考え方は、この序文で述べられている。

弘前には、前川さんの処女作である木村産業研究所（１９３４年）をはじめ、各時代の前川建築が8つほど建っている。後半に建てられたものは、私より5年先輩である仲邑孔一が担当した。仲邑さんは担当の巡り合わせもあり、弘前に居続けての仕事が続いた。久方ぶりに弘前を訪れて仲邑さんの仕事を見た前川さんが、「私がここにある」と思わず言ったそうだ。しばらく足を踏み入れなかった弘前に、所員と四つに組んでつくり上げたと自らが間違えるほどの前川さんらしい建築があったからだ。担当の仲邑さんは前川さんと離れた弘前で一人、前川さんの考えていることを設計監理者として、ディテールまでしっかりと建築化していた。

「ディテールに建築家のアイデンティティーが宿る」と前川さんは言う。仲邑さんの仕事は、前川さんの思いを十分受け止めて前川建築としてまとめあげたといえる。旧前川邸の木造のディテールは美しい。その美しさは、木造建築を真剣に研究していた崎谷さんによるところが大きい。旧前川邸として組み立てられた建築には、崎谷さんの建築作法およびディテールへの思いが宿っている。

建築の空間は、ディテールが濁っていれば空間全体が濁り、居心地が悪い。澄んだ空間は、きちんとした納まりでつくられている。ディテールに気を遣っていると、空間全体が澄んでいて気持ちが良い。建築とは物理的なモノとしての建物を指すと思われがちだが、モノによって現出する空間を意味している。その空間は、モノとモノの関係の中にあって、それは細部によ

弘前市立博物館（＊14）

旧前川邸の木造のディテール。柱と梁、木のレールと木製建具、北面の軒の出、土台まわり

って支えられている。細部にはつくり手のアイデンティティーが宿り、つくり手によって空間のテイストが異なるのは私も実感している。

前川さんは、「人は誰しも本能として、当たり前の状況から抜け出たいと思うものである」と言う一方で、「建築家は、自己のアイデンティティーを確立したいと強く思っている」とも言っている。アイデンティティーの確立を願う一方で、当たり前の状況（その人らしさ＝アイデンティティー）からの脱却を望む矛盾の中に、建築家は身を置いている。

設計事務所のチームづくり

前川事務所では、設計チームの構成はプロジェクト全体をまとめる「総括」と、建築・構造・設備それぞれの「チーフ」、および「スタッフ」で構成されることが多い。この総括、チーフ、スタッフがチームの基本構成で、規模によってスタッフの数が変わり、小規模だと担当者1人が前川さんと向き合ってまとめることになる。前川さんの晩年になると、「乳母役」と称して、戦前派の大先輩が相談役としてチームに加わるようになる。

歴代の前川建築事務所のチーム編成を見てみたところ、1～2の例外はあるが、責任を持って全体をまとめる役の総括は20年の経験を積んだ者、チーフは10年の経験を積んだ者がなっている。また、現場を任される監理責任者も、10年以上の経験を積んだ者がその任に当たっていた。その意味で、国立国会図書館新館をまとめる役を10年目の私が担わされたのは、異例であったのかもしれない。

前川さんは毎日のように製図室にやってきて、所員が進めているスケッチを見て回る。スケッチが変化していく様を見て所員が何を考えているかをつかみ、前川さん自身が考えていることが伝わっているか否かを確認するというプロセスを経て、所員の資質と能力を見極め、チームの構成をしていたようである。

前川さんが、設計事務所は30人が限界だとして所員の数を増やさなかった意味がそこにある。古参の崎谷さんを含め前川事務所の所員には、「所員は前川國男のハンドである」という意識が強い。仕事に応じて前川さんの指示でチームが編成され、複数のプロジェクトが同時並行で動いているときでも、チームのスタッフは前川さんの一言で移動し、チームが再編成される。前川さんの晩年には、プロジェクトチーム間での話合いによるスタッフの移動が多くなるが、前川事務所では誰が図面を描いても同じように仕上がってくる凄さがあった。

多くの先輩たちが、「前川さんから離れて自分で建築をつくってみたい」という思いを抱いて独立していった。事務所は独立する者と新たに入る者とが入れ替わり、新陳代謝をしていっ

製図室を巡回中の前川さん（中央奥　＊1）

た。私が事務所に入る時、前川さんは「同世代で1人は事務所に残ってほしいものだ」と言っていた。そういう思いから事務所の将来のことを見据えて、前川さんは60代半ばあたりから、設計チームの構成員の決め方を模索し始めている。

はじめの段階では、所内コンペで設計チームのメンバーを決めることにした。チーフは前川さんから指名を受けた者が当たり、その下につくスタッフをコンペで決めたのである。新しい仕事が入ると所内コンペを行い、採用案になった所員がその仕事のチームのスタッフになり、次の仕事のチーフになるとした。そのうち、事務所として参加したコンペで1席になった石垣島の文化センターの後藤伸一と、新潟市美術館の高橋義明をミド同人として認知し、事務所を離れて個人として応募したコンペで入賞した者もミド同人として認知し、その人の下でチームを組んでまとめた時代もある。ちなみにミド（ＭＩＤ）とは、Mayekawa Institute of Design（前川設計研究所）の略称である。

だが、このシステムはきれいな形では続かなかった。その後、前川さんは建築が完成し社会に発表するとき、総括担当者をミド同人として世に送り出すことにした。栃木文化センターの永田包昭であり、弘前市斎場の仲邑孔一であり、国立国会図書館新館の中田準一等である。

私の場合、埼玉県立博物館の所内コンペで私の案が採用案なしの優秀案となり、埼玉県立博物館の設計チームのスタッフとなった。この頃を振り返ると、所内コンペ案をまとめるためには、事務所での仕事を終えたあとに家で毎晩スケッチを重ねるわけだが、時間が迫ってもアイディアが出てこない。切羽詰まった締切りの前夜、朦朧とした一瞬に、無形文化財の保護・育成も博物館の大事な活動の一環ではないかと閃き、中庭に無形文化財を発表する場としての舞台を盛り込んだ案をまとめ、翌日提出した。それが前川さんの目に留まった。その後の熊本県立美術館ではチーフになり、現場を任される監理責任者になった。そして国立国会図書館新館では総括として担当するようになった。

今でも思う。「土俵際に追い詰められ、俵に指が引っかかったとき、踏ん張れるか否かが勝負どころ」だったと。

色は建築家が決める

建築は、さまざまな分野の仕事が折り重なってでき上がってくる。そこで建築家はどこまで決めることができるかが、常に問題となる。さまざまな作業の責任分解点を明確にしておくことが大事である。

国立国会図書館新館の監理契約を行った時、建設省（現、国土交通省）と業務内容の確認を行った。かなり長い時間をかけて、色柄の決定は設計者である建築家が行うことを契約書に明記した。目に見えるものは、それぞれの部位が影響し合うバランスの中で存在しており、空間に直接影響を及ぼす。壁・床・天井の仕上げのみではなく、設備関係の照明や空調などの配置はもとより色柄を含め、目に見えるものすべてに対し、意匠設計者が総合的見地から決定することの大事さに理解を得るための話合いを半年ほど行った経緯がある。

前川事務所では、色についてはすべて建築家である前川さんが決めた。建物だけでなく室内の調度品等も含め、目に入るものの色はすべて前川さんが決める。最終的には、前川さんが職人と一対一で向き合って指示をする。

入所した当時、革のケースに入ったマンセルの色見本帳があり、小さな色見本のピースの横に書き込みがあった。その色見本帳から前川さん好みの色の傾向が読み取れて、どの建物でどの色を使ったかと興味を抱いたものである。

前川さんが戦後間もなく設計した名古屋にある栄ビルを初めて見に行った時、驚いた覚えがある。コルビュジエの救世軍本部ビルのように、赤・黄・緑・青といったかなりはっきりと鮮やかな色使いであった。神奈川県立図書館・音楽堂の改修の折、その記憶をもとに、色が褪せていた壁の色を再現した。この鮮やかな色使いは、前川さん晩年の渋めの色使いとはまったく異なる、前川前期の特徴であることをあらためて認識させられた。

いつ頃からどのようなきっかけで前川さんの色の好みが変わってきたのか、定かではない。私が学生の時、建築家ヨーン・ウッツォンが来日したのだが、そのときにウッツォンが締めていたネクタイを前川さんがいたく気に入り、ウッツォンからもらい受けたと、事務所に入ってから先輩に聞いた。そのネクタイは、白地にピンクやブルーなどいろいろな色が横縞になっていて、美しい色使いだった。そのネクタイの色で埼玉会館のホワイエの小壁の色を指示したと、担当していた先輩の高橋義明から聞かされた。埼玉会館の色目が上野の東京文化会館と違って見えるのは気のせいだろうか。

埼玉県立博物館の現場で色を出す時、長年前川さんの指示に応えて色を出していたペンキ屋の親父、吉武文左衛門の話を聞く機会を得た。その話によると、ほんのちょっと紺を入れると色が落ち着き、そうして出した色に対して前川さんはOKを出したという。私が引き続き担当した熊本県立美術館では、東京から遠く離れていることもあり色出しには苦労すると思い、元請の施工者に吉武さんを指名し、塗装の仕事をお願いした経緯がある。ロビーの大壁を、単色ではその空間は持たないと考え、塗りむらのある仕上げにしたいと提案し、色見本をつくり、恐る恐る前川さんに提出したところOKが出た。30数年経ってもそのままの状態を保って今日ある。色出しが間に合わなくて、展示室の出口の壁をヨーロッパの美術館に倣って赤く塗ったら前川さんの拒否にあい、塗り替えさせられたこともある。

こんな経験があったから、国立国会図書館新館の外壁の色では慎重に事を進めた。前川さんにブルー系統にしたいと提案し、スケッチの段階から図面やパースの一部にブルーの色を付け、段階を踏んで夜明け前の空の色のイメージを前川さんに伝え、焼き上げたタイルの見本を承認してもらった時のことは忘れられない。

タイルの色といえば、私が事務所に入った時に設計が進められていた東京駅前の東京海上ビルディング（現、東京海上日動ビルディング）の外装のタイルを、前川さんが「カチカチ山の狸のやけどの色」と設計チームに指示し、見本焼きを重ねていた。東京が焦土の中から復活してきたことに思いを込めていたのかもしれない。

プロトタイプを考えなさい

入所してしばらく経った頃、スケッチを重ねていると前川さんに言われた。

「プロトタイプを意識して考えなさい」

これは、設計を進めているものが特殊解ではなく、他の事例にも展開できる一般解を求めなさいという意味だと受け止めている。

その頃、東京海上ビルディングに対して美観論争が起こり、設計が足踏みをしていた。それまでは建物の大きさを最高高さ31mで制限していたが、1961年の法改正により容積制限に移行したことを受けて、前川事務所は32階、高さ130mの超高層を構想し、建築確認を申請していた。これは法規制に適合した設計内容であったが、敷地である丸の内が美観地区であること、皇居を見下ろすことは憚るべきという意見などから論争になっていたのである。

その渦中、「超高層ビルのあり方のプロトタイプが見つかれば、それを繋げていくことで豊

東京海上ビルディング（＊10）

かな環境がつくり出せるのではないか。背伸びをして都市計画に手を出さなくとも可能ではないか」と前川さんは思っていた。また一方では、入所したてのわれわれ若い所員に対して「プロトタイプを展開していけば秩序が形成され、近代市民社会におけるパラダイスが開けると思い、そのパラダイスを目指して船出したが、どこに着けてよいかわからなくなった」とも語っていた。日本経済が成長してきた1960年代後半のことである。

月夜のカニ

前川さんは、よく「ポッシェ」のことを話していた。建物でモノが詰まっているところ（ソリッドな部分）を黒く塗りつぶす、そこが「ポッシェ」である。ピラミッドではほとんどが黒く塗りつぶされ、ギリシャ・ローマの建築ではどっしりとした太い柱と壁が目立つ。中世では厚い壁だったものが、ゴシックの寺院では柱が細くなってきて、近代から現代へと移るにつれて壁はなくなり、柱は点になってしまう。

前川さんは、「近代建築は月夜のカニ」だとも言っていた。中身の詰まっていない建築となり、その存在が希薄になってきていると嘆いていた。建築は、外部と内部が仕切られているも

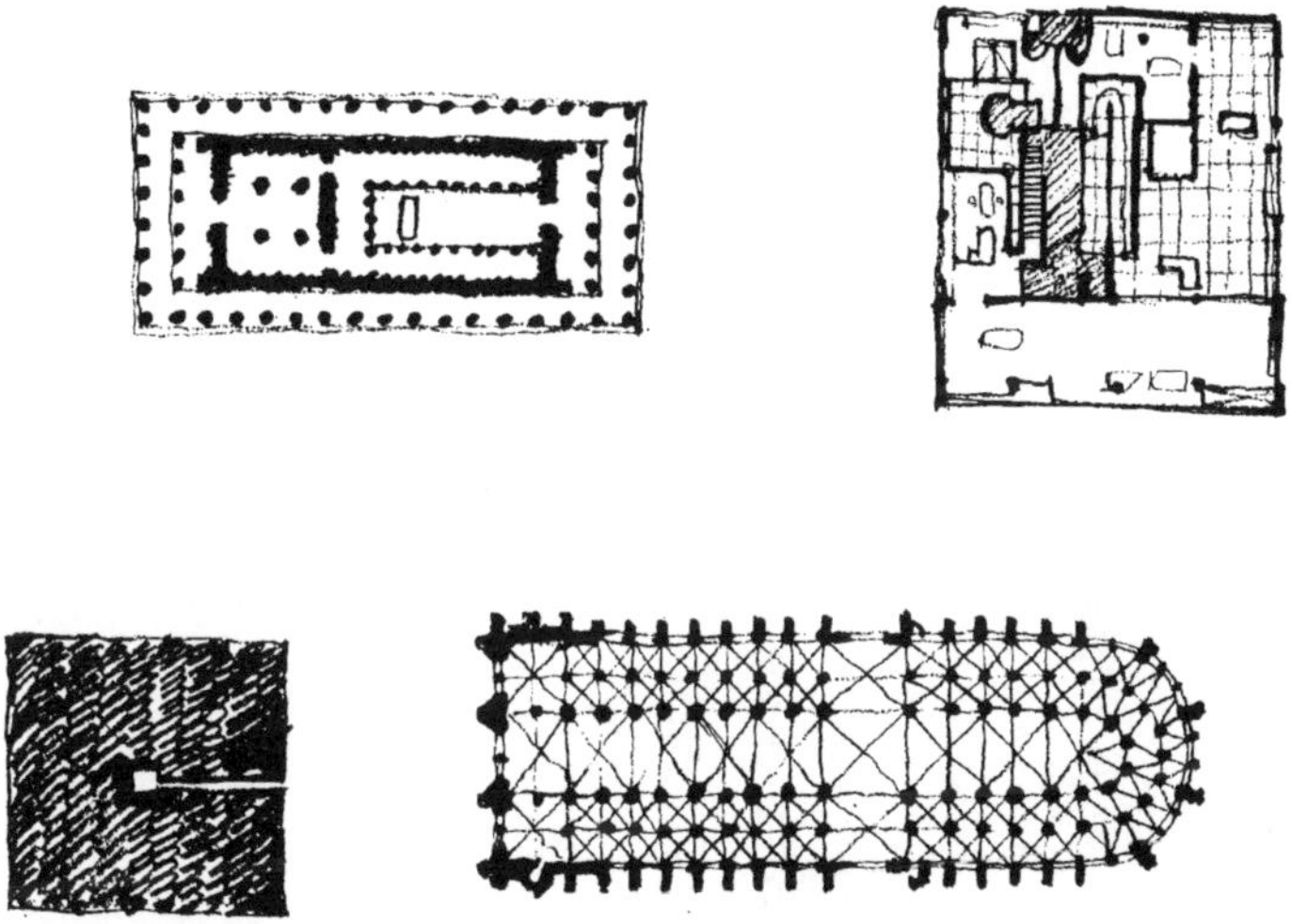

ポッシェ。前川さんのスケッチより（＊1）

のである。その仕切りで黒く塗りつぶされていない部分、つまり窓にあらためて注目すると、それぞれの時代の建築に宿る精神が見えてくる。

そういえば晩年「生きていく上で芸術は必要だ。建築にとって芸術とは演出だよ。それは窓まわりにある」と言っていた。

第三者であり続けるために

建築は、社会に受け入れられてこそ存在し得る。建て主の所有物というよりは、社会の共有物なのだ。ゆえに建築を生み出す行為には、建て主からも自由な立場で判断できる第三者の立場を保障されなければならない。前川さんは、自由な立場を確立するために闘っていた建築家である。


「設計のフィーは、建築家の自由を保障する対価である」と前川さんは言う。

設計監理の仕事を、設計料の額で競って獲得する入札や、アンフェアな方法で獲得することは、設計者としての自由を阻害することになるとして、厳しく戒めていた。私が担当した国立国会図書館新館では、国を相手にフィーの交渉をしたことがある。それがどのようなものであったかをお話ししたい。

この設計は、前川さんにではなくミド同人・田中誠に持ち込まれた。そもそも、前川さんが「国立国会図書館本館のコンペのあり方に問題あり」と異を唱えコンペに応募することを控えたため、田中誠を中心に前川事務所の所員がミド同人を結成し、コンペに応募して1席を獲得したことにより、その後の一連の仕事にかかわるようになった。新館建設の仕事も、「数年で書庫が満杯になるのでどうしたらよいか」と国立国会図書館より田中さんが相談を受けて、実態調査をするところから始まった。新館の実施設計に取り掛かったところで田中さんが体調を崩して長期入院となり、田中さんの意向で前川さんが設計監理契約をすることになった。

契約の相手は、国立国会図書館から支出委任を受けた建設省(現、国土交通省)に移っていて、建設省が実質的な発注者となった。この工事は大規模で、5年にわたる多年度工事となっていた。つまり、工事全体をひとまとめにして契約する一括契約ではなく、1年ごとに分割して契約する単年度の個別契約であった。契約で示された金額は、ご多分に漏れず工事費パーセントフィーであったため、工事の初年度は机上での作業が多い反面工事量が上がらないために、作業に見合ったフィーが見込まれておらず、実作業に見合った内容ではなかった。前川さんは初年度の契約書のフィーを見て、「これでは1人分の実費にも満たないではないか。きちんと仕事をまとめるには、少なくとも2人分の出来高に見合った額が必要だ」と言って、契約書にはんこを押さなかった。常駐監理となると5年間専属の任務となり、他の仕事ができないことを意味する。前川さんの命を受け、作業に見合った内容になるようにフィーの交渉をすることになった。7300㎡の建物を1人で監理できるはずもなく、その面での問題もあった。交渉内容は次の2つである。

①設計監理の作業に見合ったフィーとする。

②工事に対するパーセントフィーではなく、年度ごとの設計監理の作業量に見合ったフィーとする。

前川さんの契約印をもらうにはこの2つの内容を整理し、合意が必要であった。結果的に、①はフィーの幾分かの足し前とそのフィーに見合う仕事の内容とすることで、建設省と作業の分担をすることとなり、限られた予算の中で仕事を完結するには、建設省と得意の分野で協力し合うことが合意された。具体的には、設計変更を含む設計にかかわる内容を設計監理者の作業とし、事務上の手続きいっさいを建設省が行うこととなった。

また一方、予算で用意した1人分で監理するには規模が大きすぎることは建設省もはじめからわかっていて、実作業に対して予算が足りない分の対策として、監理費を工事費に組み込んでいた。つまり、施工会社から監理のフィーをもらって現場事務所を設けるという建設省の提案である。しかし、監理される側（施工者）から設計者が費用をもらって監理することなど受け入れられないとお断りをした。その結果、前川事務所は、建設省の責任において設置した設計監理のチーム（建築2人・設備2人・構造1人）を統括し指導する立場で設計監理に当たることとなった。これにより、設計者は雑務に追われることなく、変更を含む設計監理を1人で行う体制ができたのである。

②の問題は、大蔵省（現、財務省）の了解を得られなかったと当時の建設省営繕部長から報告を受け、了解せざるを得なかった。了解する条件として、5年間ならして現場常駐監理は1人とし、総枠としてのフィーとすることで合意に至った。最終年に工事が集中し出来高が上がるとともに監理費も上がるが、設計監理者の人数を増やさず1人分で構わないことを確認した。この内容で契約書に前川さんの印をもらうことができ、監理体制が整い、設計監理者としての自由な立場が確保された。知恵の出しようである。

前川さんは「フィーは建築家の自由を担保するものである」とも言っていた。

素人を数字でごまかすな

チームを組んで設計を進めていると、さまざまな局面で先輩や後輩と議論になる。熊本県立美術館のサッシュの納まりのことで先輩と激論を交わしていた時、前川さんがやってきて「君、何年になる?」と言う。7年だと答えると、「10年までは先輩の言うことを聞きなさい」と諭された。そういえば事務所に入る時に、「7年で育つかな、10年かかるかな」と前川さんに言われた。7年ではまだ一人前ではなかったのである。また、熊本県立美術館ロビーの屋根の架構について、構造からの説明を鵜呑みにして先輩と議論していた時、「素人を数字でごまかすなよ」と前川さんからたしなめられたこともあった。

専門家は、数字を出して、それを根拠に自分の思いを通そうとする傾向がある。建築は、さまざまな専門家の間で試行錯誤を重ねた末に組み立てられるが、一般の人々に受け入れられて初めて、社会に存在する場所を得ることができる。建築家はいつも、一般の人々に理解できる言葉で思いを伝えることを意識しておく必要があると気づかされた。

構造および設備に関しては数字をもって判断することが多いが、その数字を疑わないと専門家の間でも落とし穴にはまる。先年、「姉歯の構造計算書偽装問題」があり、その後起きた災害や事故に対しても、「想定外だった」と言う専門家が目立ち、専門家は社会からの信頼を急速に失った。事務所内のテクニカルな議論に際しても「数字でごまかすな」と諭した前川さんは、今日の専門分化した時代の負の部分を見抜いていたのかもしれない。

社会からいただいたものは社会にお返しする

建築をつくる過程で、ハードやソフトを含めてさまざまなことを学ぶ。前川さんは「社会から教えていただいたものは、社会にお返ししなさい」と言っていた。「仕事を通じて知り得た知識は社会共有の財産として開放しなさい」という意味として私は受け止めた。以後、知り得た情報を整理して社会に戻すことは、建築をより一歩でもしっかりしたものにつくり上げていく上で大事なことであると位置づけるようになった。

今日の状況には、新しい知識は組織を守るために公開しない向きもある。私は、人間の知恵はそこそこであり、知り得た知識をみんなで積み重ねることで、安全で安心して心地良く住める建築をつくる素養と能力が養われると考えている。

国立国会図書館新館の建設工事は国の施設ということもあり、第一級の職人が集まりまとめることができた。そこで得た知見を整理して、「国立国会図書館新館からのメッセージ」と題して『季刊ディテール』(彰国社刊)で4回にわたり掲載した。時間が経って読み返してみると、1980年代の高度成長期に積み上げた建築の知見が集積している。今日では、コンクリート・スチール・タイル・内装・防水などをはじめとして建築を構成しているさまざまなことがマニュアル化されているが、仕事そのものに精通している職方が少なくなってきているように思う。今となっては一時代前のことではあるが、アナログ時代の貴重な資料となった。しかも、当時想定して設計したことが、具体的な結果として目の前で検証できることの意味は大きい。

国立国会図書館新館は竣工して30年近くになるが、大学での授業の一環や建築の仲間を案内する機会などで、年に2~3回は建物を見て回っている。耐候性鋼やコンクリートの経年変化、建具の開き具合や樹木の育ち具合などの経年変化を観察していると、建築は生き物のように変化していることが実感できる。

設計時に考えたことを検証できると、それを次の設計にフィードバックできる。この繰返しによって、前川さんの言う「より一歩でもしっかりしたものにつくり上げていく、確かなる建築」に近づけるのかなと感じている。

風が通る空間

前川さんの晩年に前川國男作品集刊行委員会が組織され、前川さんが生み出した数多くの作品の中から34の建物を選び出し、作品集にまとめた(『前川國男作品集　建築の方法』)。その作品集ができ上がった時に、編集責任者の宮内嘉久さんが完成した本を持ってこられた。感想を聞きたいという。1ページずつ繰っていくうちに、前川建築の特徴は「風が通る」ことであると発見した。掲載写真はすべて写真家と相談しながら新たに撮り下ろした、と宮内さんから聞かされる。34の建物すべてに、全体を貫く風の通る空間を感じたのだ。

熊本県立美術館以降、前川さんは、埼玉県立博物館や熊本県立美術館のような壁の建築はつくっていない。晩年、前川さんは大きな建物を手掛けるようになり、建築の規模が大きくなるにつれて人間的スケールから離れていく傾向にあることを気にしていた。それを解決する手法として、人間的なスケールに合った単位空間を見つけ、その空間を繋げていくことで、大規模な建築でも人間的なスケールに落とし込めるのではないかと考えて取り組んでいた。

しかし、そうした自作を前川さんは「チャイルディッシュ(未完成)」と評し、その解答を見ずにこの世を去った。作品集刊行委員会の先生方が選んだ34の建築には、風が通る空間があった。一方、前川さんがチャイルディッシュと自ら評した単位空間の組合せの建築には、風が通る空間が感じられないのだ。

風が通る空間は、旧前川邸のアプローチからサロンの中まで貫通している。この、自邸から晩年までの前川建築を貫き通すアイデンティティーが「風が通る空間」であったとあらためて認識した。

前川さんが成熟させきれなかった人間的スケールの単位空間を見つけて組み合わせる手法は、われわれ次世代に課せられた前川さんの宿題と受け止めている。

前川さんのアリア

旧前川邸では、階段の上り口にフィリップス社製のレコードプレーヤーが置かれていた。その反対側の壁にソファーが配されている。前川さんが好きなレコードをかけると、サロンの大空間が音をふくらませる。いい音を奏でるには、それなりの空気量が必要なのだ。窓の格子の影が漆喰の白い壁の上をゆっくりと移ろい、時間の流れに身を任せてソファーでくつろぐ前川さんの姿が目に浮かぶ。

自邸をコンクリートで建て替えている間、前川さんは長年愛用のフィリップス社製のレコードプレーヤーを四谷の事務所の2階奥にある所長室に持ち込んだ。そして事務所にいる間は、よくレコードをかけていた。所長室は2階から3階まで吹抜けになっているので、実に豊かなふくらみのある音になる。3階にある製図室に流れてくる音楽は、所員にとっても楽しみだっ

旧前川邸のサロンでレコードをかける前川さん（＊1）

た。ある時期の前川さんはフォーレのレクイエムに凝っていたらしく、繰り返し流れていたレクイエムが今でも耳に残っている。

3階の製図室でスケッチを見てもらっていると、しばしば前川さんは考え込んでしまう。没頭してくると、親指の爪を噛みながらオペラのアリアの一節を口ずさむ癖があった。それくらい前川さんは根っからの音楽好きであった。気がつくと1〜2時間経っていることもしばしばで、その間、所員は前川さんの後ろに立って、どんな線が出てくるのかじっと待っているのである。前川さんのアリアを思い出すたび、懐かしい緊張感が呼び覚まされる。

きれいに年を重ねるのは難しいね

事務所に入った当初、先輩から図書係を仰せつかった。当時の前川事務所では、図書係はフレッシュマンの仕事であった。大学時代山越邦彦先生の講義で、建築学会の図書館では一般の図書館の図書分類（日本十進分類法）とは異なる国際十進分類法で整理したと聞いた。前川事務所の図書が、この国際十進分類法に基づいて整理されていたのには驚いた。蔵書は3000〜4000冊もあったであろうか。図書室の本は、図書係が出入りの本屋さんから本を預かり、前川さんが1冊1冊吟味して決定していた。図書係は、前川さんが選んだ本を分類して分類番号を決め、図書ノートに記載し、ラベルを本に貼り、貸出しカードをつけて図書室に納める一連の作業を行う。私は埼玉県立博物館の常駐監理に出るまでの5〜6年間、図書係をやった。

図書係は、前川さんとごく自然な形で言葉を交わすことができたように思う。先輩の話によると、50代までの前川さんはたいへん怖い存在であったようだ。戦前派の大先輩はともあれ、ほとんどの所員は前川さんと面と向かって話すことができず、前川さんの背中に向かって話をしていたという。ある時、本屋さんから預かった5〜6冊の本を前川さんのいる所長室に持って行くと、1冊1冊ページを開きながら、ぽつりとつぶやいた。

「君ね、美しく年を重ねるのは難しいよ。死ぬのが怖いんだよね」

前川さん60代前半、働き盛りで、埼玉県立博物館の設計の真っ最中であった。なぜこのタイミングで、この言葉だったのだろう。

その埼玉県立博物館が竣工を迎える頃、前川さんはヘルペスを患い、その痛さに煩わされるようになる。さらにパーキンソン病を患い、身体機能が衰えて諸事がままならなくなってしまう。食べ物をうまく口に運ぶことも難しくなり、ポロポロとこぼしてしまうようになった。あまりきれいな食べ方ではないが、そうなっても社会的地位の高い人との会食に臆することなく出かけ、堂々とこぼしながら食べていた。最晩年は人の手を借りなければ過ごせなかったが、引きこもることなく対外的な活動を続けていた。それを見かけた人には、「老醜を晒す」と受け取られたかもしれない。

前川さん、「美しく年を重ねるのは難しい」とお聞きした時20代だった私も、70代の後半になりました。同じように年を重ねた、あの時設計中だった埼玉県立博物館は、今も美しく大宮公園の林の中にたたずんでいます。

今も大宮公園の林の中に美しくたたずむ埼玉県立博物館

図版・写真提供

特記なきものはすべて、撮影＝畑拓（彰国社写真部）

＊1　前川建築設計事務所
＊2　中田準一
＊3　村井修
＊4　『日本建築史図集』日本建築学会編、彰国社
＊5　『国際建築』1937年6月号
＊6　『旧飯箸邸の記録と保存　活動報告書』旧飯箸邸記録と保存の会編著
＊7　江戸東京たてもの園
＊8　彰国社写真部
＊9　平山忠治
＊10　吉村行雄
＊11　『建築』1966年7月号（撮影：T. Oyama）
＊12　渡辺義雄
＊13　大沢悟郎
＊14　畑亮

江戸東京たてもの園（東京都江戸東京博物館分館）

〒184-0005　東京都小金井市桜町3-7-1
電話　042-388-3300（代表）
http://tatemonoen.jp/

＊最寄り駅：JR中央線「武蔵小金井」、西武新宿線「花小金井」よりバス
＊休園日　：月曜休園（月曜が祝日・休日の場合は翌日休園）
　　　　　　年末年始
＊開園時間：9時30分～17時30分（4-9月）
　　　　　　9時30分～16時30分（10-3月）

第❶期

東京帝室博物館コンペ案　1931年

応募要項を無視して近代建築案を提出し、落選。

木村産業研究所　1934年

フランスから帰国後の初めての作品（処女作）
所在：青森県弘前市
建築面積：159.58㎡
延床面積：282.09㎡
階数：地上2階
構造：RC造

第❷期

森永キャンディストア銀座売店　1935年

レイモンドから独立して初めての作品
所在：東京都中央区
建築面積：376㎡
延床面積：752㎡
階数：地上2階
構造：RC造

岸記念体育会館　1940年

所在：東京都千代田区
建築面積：650㎡
延床面積：1,300㎡
階数：地上2階
構造：木造

上海華興商業銀行総合社宅　1939年

階数：地上3階
構造：れんが造

旧前川邸　1942年竣工、1956年増築

所在：東京都品川区
建築面積：94㎡
延床面積：108㎡
階数：地上2階
構造：木造

在盤谷日本文化会館コンペ案　1943年

前川建築の大動脈の源泉と筆者は位置づけている。

第❸期

プレモス　1946－51年

戦後の住宅難に、木造飛行機工場の技術を活用した木造プレハブ住宅。

旧紀伊國屋書店　1947年

所在：東京都新宿区
建築面積：380㎡
延床面積：600㎡
階数：地上2階
構造：木造

慶応病院　1948年

所在：東京都新宿区
建築面積：3,550㎡
延床面積：6,600㎡
階数：地上2階
構造：木造

神奈川県立図書館・音楽堂　1954年

所在：神奈川県横浜市
建築面積：2,900㎡
延床面積：5,798㎡
階数：地下1階、地上3階
構造：RC一部S造　打放し

ミドビル　1954年

所在：東京都新宿区
建築面積：263㎡
延床面積：893㎡
階数：地下1階、地上3階
構造：RC造　打放し

第❹期

福島県教育会館　1956年

所在：福島市
建築面積：1,534.9㎡
延床面積：2,175㎡
階数：地上2階
構造：RC造　打放し
ミド同人の直営工事でまとめた。

ブリュッセル万国博日本館　1958年

所在：ブリュッセル市
延床面積：2,175㎡
階数：地上1階
構造：S造　木造パネル

トロント市庁舎（コンペ案）　1958年

コルビュジエのドミノを意識したプラン。

レオポルドヴィル文化センター（コンペ案）　1958年

建物の象徴性がテーマ。

学習院大学　1960年

所在：東京都豊島区
ピラミッド大教室の建物で大学キャンパスの象徴性を表現。

世田谷区民会館　1960年

所在：東京都世田谷区
建築面積：3,373㎡
延床面積：4,891㎡
階数：地下1階、地上2階
構造：RC造　打放し

京都会館　1960年

所在：京都市
建築面積：7,779㎡
延床面積：16,852㎡
階数：地下1階、地上3階
構造：RC一部S造　打放し＋タイル積上げ

東京文化会館　1961年

所在：東京都台東区
建築面積：7,459㎡
延床面積：21,234㎡
階数：地下2階、地上5階
構造：SRC一部S造　打放し＋大理石打込みPC

林原美術館　1963年

所在：岡山市
建築面積：1,038㎡
延床面積：1,247㎡
階数：地下1階、地上2階
構造：RC造　れんが積上げ

弘前市民会館　1964年

所在：青森県弘前市
建築面積：3,236㎡

前川國男作品系統図

構成　中田準一

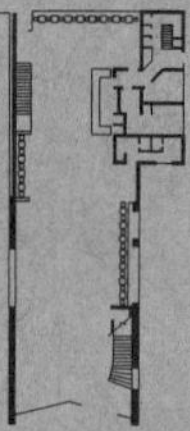

森永キャンディストア銀座売店
（独立後初めての作品）　1935年

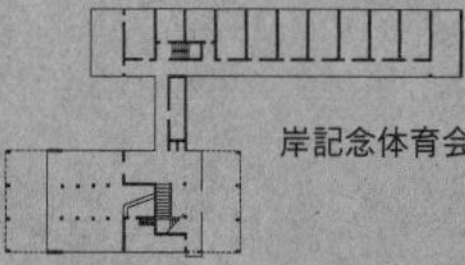

岸記念体育会館　1940年

上海華興商業銀行
総合社宅
1939年

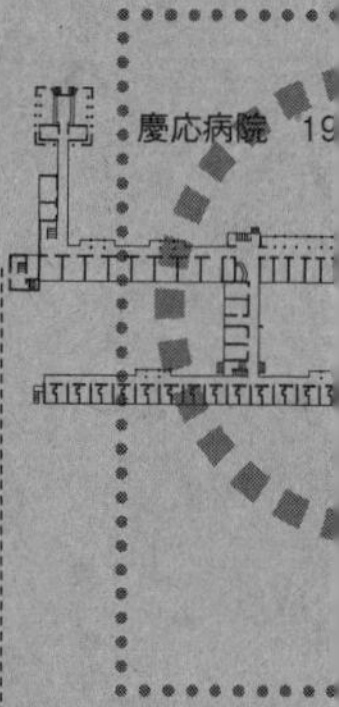

慶応病院　19

プレモス　1946

前川建築の大動脈

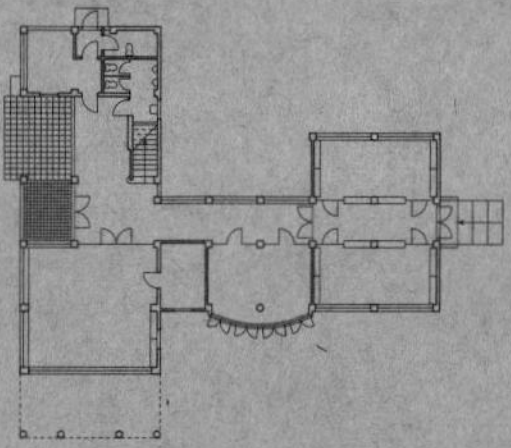

木村産業研究所（処女作）
1934年

東京帝室博物館（応募要項を無視したコンペ案）　1931年

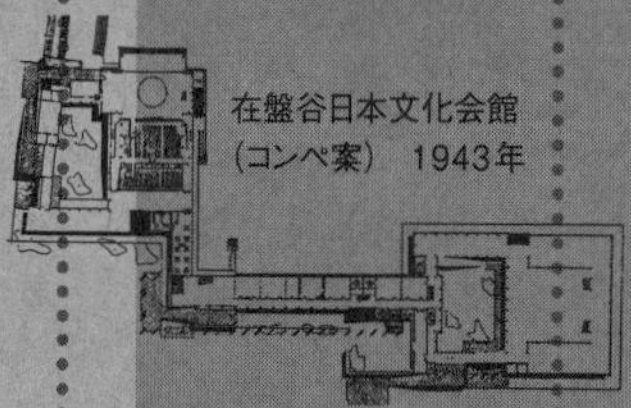

在盤谷日本文化会館
（コンペ案）　1943年

〝フラットルーフではない〟

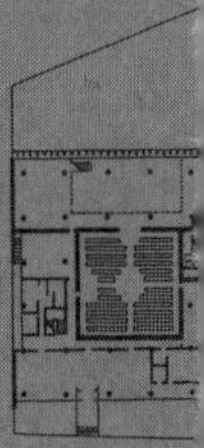

神奈川県立

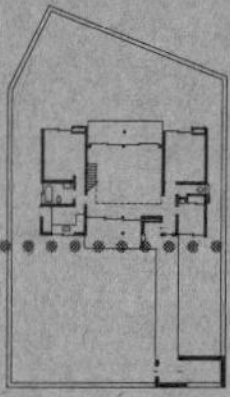

旧前川邸　1942年

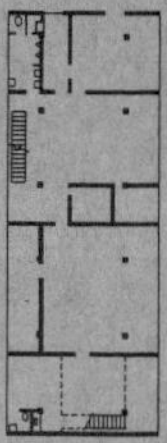

ミドビル　1954年

第❶期　1925－1935年

大学に入学。卒業後にル・コルビュジエのもとで修業。帰国後レイモンド事務所で実務を学び、独立する。

第❷期　1935－1945年

独立して銀座に事務所を開設。終戦間際の空襲で、設計図書ともども事務所が焼失。

第❸期　194

事務所を目黒の自
の設計活動を行う。

ドミノを意

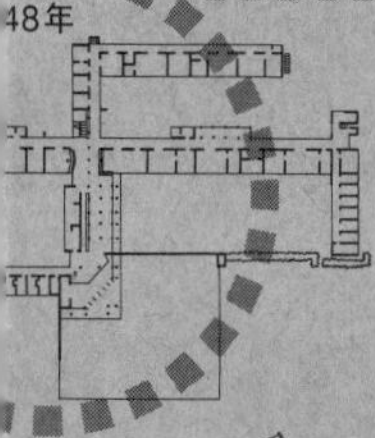

48年

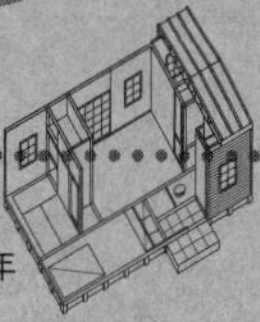

−51年

〝連綿とつながっていく〟

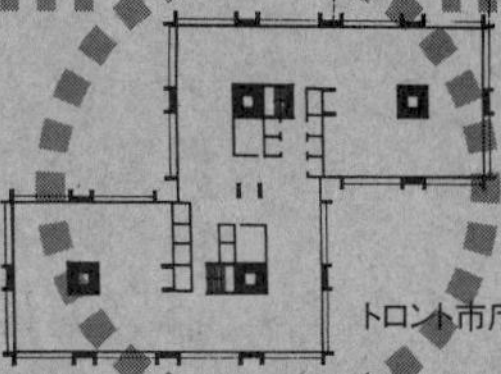

トロント市庁舎（コンペ案）　1958

第4期 1954−1965年

四谷に事務所をつくり、移転。30人体制。

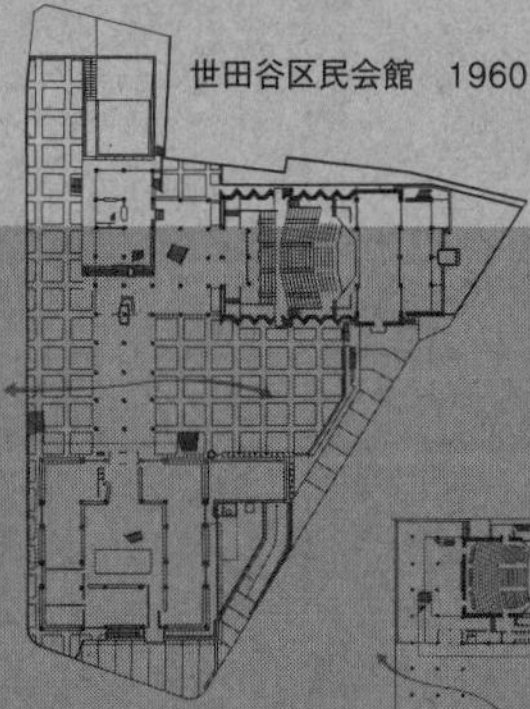

世田谷区民会館　1960年

〝大屋根〟

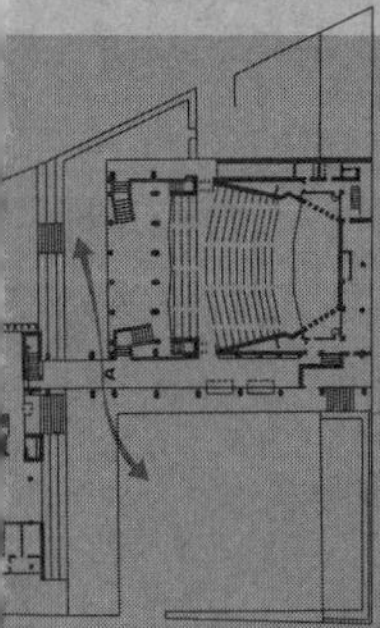

図書館・音楽堂　1954年

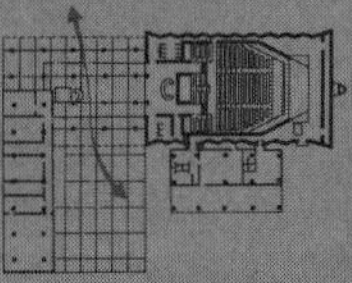

福島県教育会館
1956年

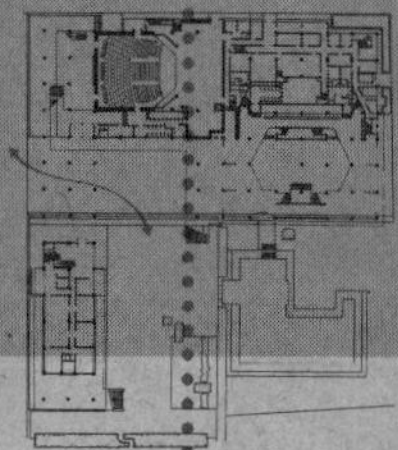

京都会館　1960年

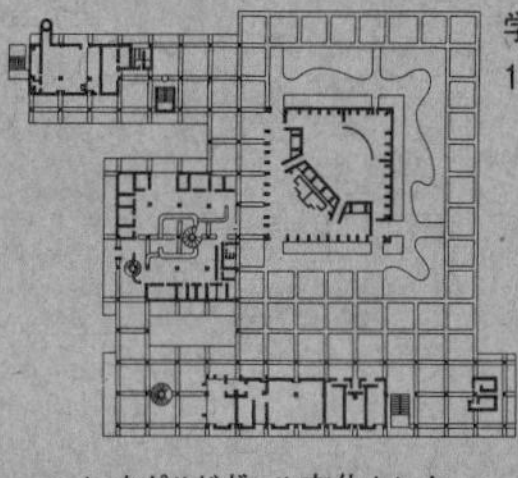

学習院大学
1960年

旧紀伊國屋書店　1947年

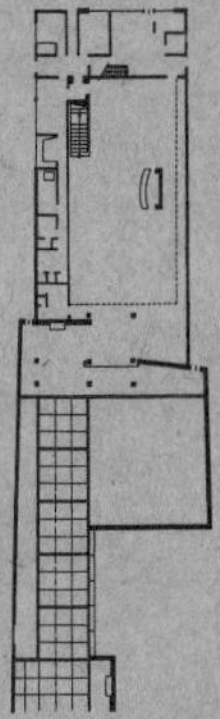

5−1954年

ろに移し、戦後

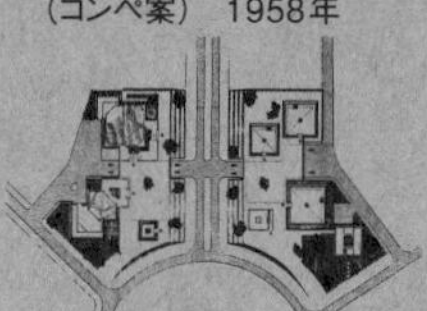

レオポルドヴィル文化センター
（コンペ案）　1958年

〝ピラミッド形の空間〟

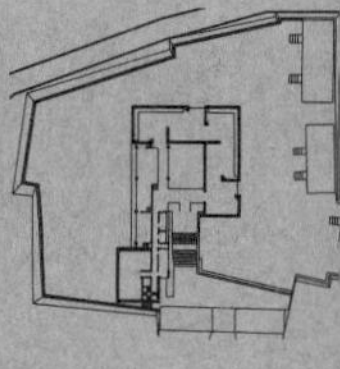

林原美術館　1963年

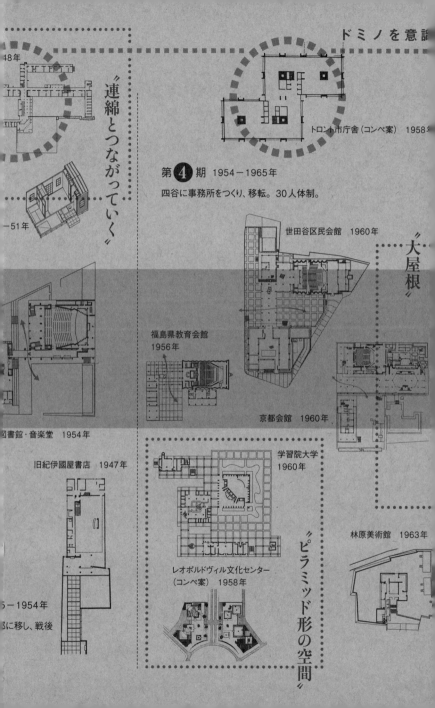

前川國男の活動

第❶期　修業期（1925－1935年）

大学卒業と同時にパリに旅立つ。第一次世界大戦の傷跡から復興し市民社会の絶頂期にあったパリで、生涯貫き通す「市民社会のための建築をつくる」志を抱く。2年間コルビュジエのアトリエで修業した後に帰国、5年間レイモンド事務所で実務経験を積む。

「東京帝室博物館」のコンペに敗れて、「いずれの世にも犠牲なしに勝利を獲得した新しき運動のあったことを、私は寡聞にしていまだ聞いておらぬ――『負ければ賊軍』」

第❷期　創生期（1935－1945年）

近代建築の原則にない屋根を架けたため後に「前川は転向した」と評論家から批判される「在盤谷（バンコク）日本文化会館」のコンペ案こそ前川建築の源泉であり、人々が集い生き生きとする前川建築の大動脈のはじまりと筆者は考える。

戦時中に上海支所を開設（1939－44年）。「上海華興商業銀行総合社宅」の経験が後年のれんがやPCなど工業化のモデルとなり、戦後の前川事務所の展開につながる。

第❸期　近代建築による社会復興
（1945－1954年）

『負ければ賊軍』は若者たちを引きつけ、戦後近代建築を牽引していく設計集団が生まれる。木造プレハブ住宅「プレモス」は　木造飛行機工場の技術を活用。進駐軍の仕事を断って開発に取り組んだ。

第❹期　打放しコンクリートの時代
（1954－1965年）

群としての建築や、市街地に入れ込む都市型建築を次々と提案。「ブリュッセル万国博日本館」で大屋根の下の心地良さを実感し、「東京文化会館」につながっていく。

その「東京文化会館」あたりからコンクリート打放しの耐久性に疑問を持ちはじめる。焼物の窯に使われていたれんがを再利用した「林原美術館」では、自然な窯変の美しさを引き出した。

第❺期　打込みタイルの時代（1965－1975年）

建物の外皮を打込みタイルとし、打放しコンクリートを全面的に使用することはなくなった。

「埼玉県立博物館」の担当チームが前川のテーマを受けて2つに分かれる。優劣なく4団体が同時使用できることをテーマに「東京都美術館」を、「埼玉県立博物館」とまったく同じ手法を用いて環境に合った豊かな空間をつくることをテーマに「熊本県立美術館」を担当。構成手法の新奇性を争う時勢にかかわらず、近代合理性の精神を追求し続けた。

まえがきで紹介した日本建築学会大賞の受賞スピーチ「もうだまっていられない」は1968年、埼玉県立博物館の毎日芸術賞受賞に寄せた「中絶の建築に反省」は1972年。

第❻期　人間的スケールの空間を求めて
（1975－1986年）

バブルに向かう日本経済の隆盛の中、人間的スケールを超える大規模なプロジェクトに疑念を抱く。人間的スケールの単位空間をつなぎ合わせて大規模な施設をつくろうと模索するが、最晩年の前川は自ら生み出したこれらの建物を「チャイルディッシュ（未完成）」と評し、次世代に託した。

前川國男作品系統図について

『前川國男作品集 建築の方法』をまとめた研究会（故大谷幸夫座長）が選んだ代表作34作品を中心に、前川建築への私見を「系統図」に整理した（p.186－p.192）。

前川建築の最も優れた特徴を、私は、建築を人が使い、その中を動き回ることで多様な空間体験を、おおらかに楽しめることだと思う。その特徴がよく表れている作品群を「前川建築の大動脈」と位置づけ、横軸の中央に置いてみた。すると、これらの作品群には共通して、風が吹き抜けることを発見した。平面図に風の流れの矢印を書き入れているものがそれである。

また、ある時期に、または継続して、同じ建築形態や建築構成を志向していたことが見えてきたので、それらをグルーピングしてみた。「フラットルーフではない」「連綿とつながっていく」「ピラミッド形の空間」「大屋根」「ムーブマン」「市街地内に入れ込む通り抜け」「単位空間の連続」である。すると、フラッシュバックのように10年置きに、コルビュジエのドミノを意識した構成が顕れてくることも見えてきた。

こうした発見は、作品を竣工年順に並べたのではわからない。ただ、思考の流れをつかむ意味で時間軸は大きな要素であるから、「系統図」もおおむね時系列に沿って並べている。ただし、作品集では前川の活動を5期に分けているが、大規模建築のあり方を模索しながら自らの作品を「未完成」であると評した最晩年を独立させ、全体を6期とした。

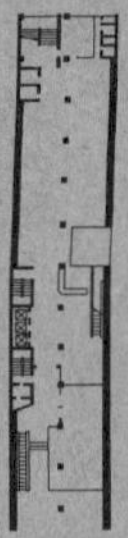

紀伊國屋ビル　1964年

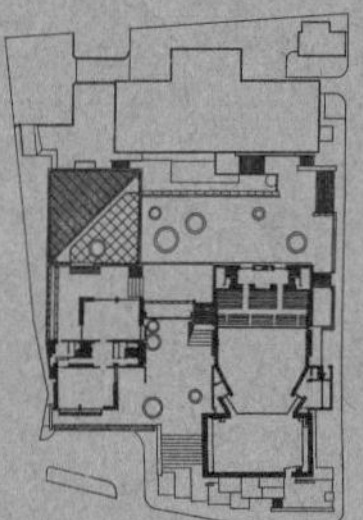

埼玉会館　1966年

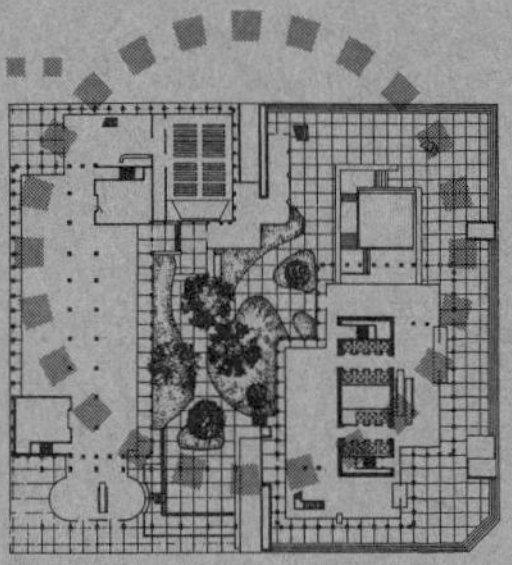

東京海上ビルディング（増築計画を含む）
1974年

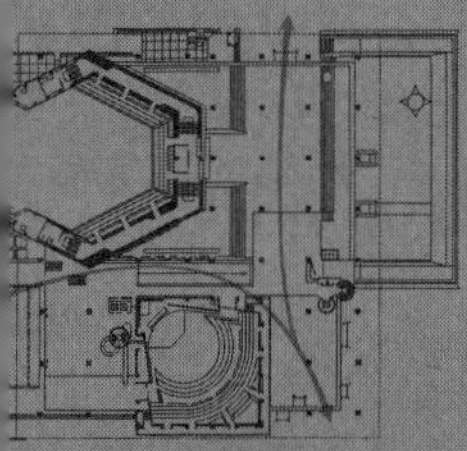

東京文化会館　1961年

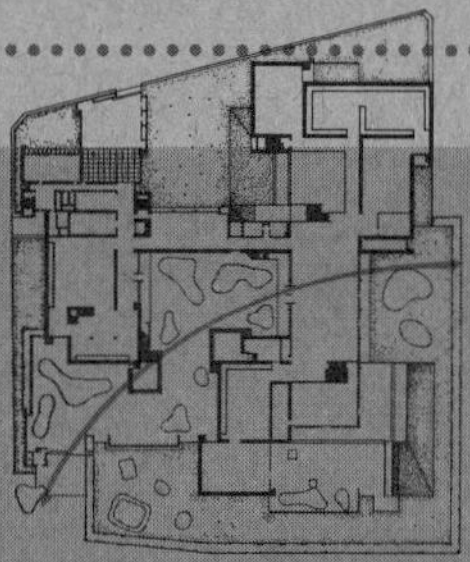

埼玉県立博物館　1971年

"ムーブマン"

同じ手法で
豊かな空間

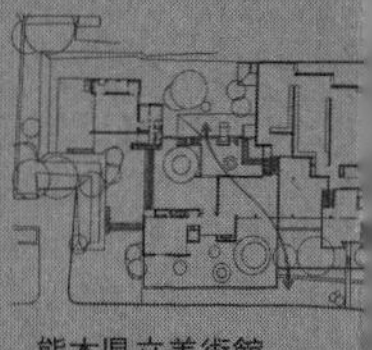

熊本県立美術館
1977年

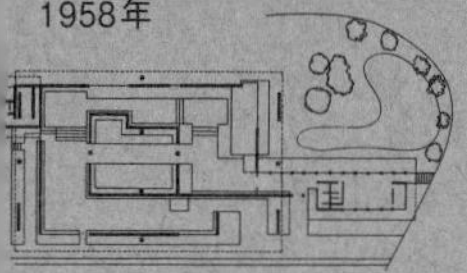

ブリュッセル万国博日本館
1958年

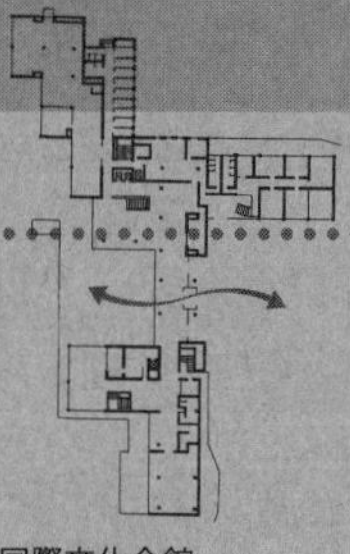

国際文化会館
1955／1975年

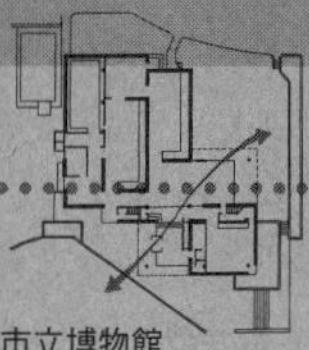

弘前市立博物館
1976年

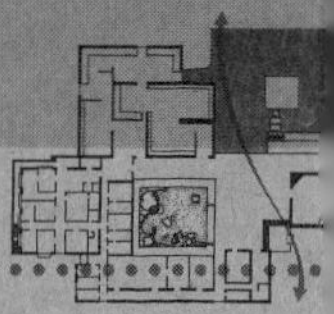

ケルン市立東洋美術
1966－77年

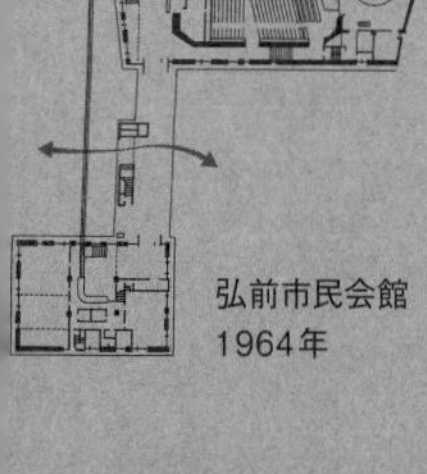

弘前市民会館
1964年

第5期　1965－1975年

7人委員会が発足し、前川ワンマン体制からパートナー制（トロイカ方式の運営）への試行。

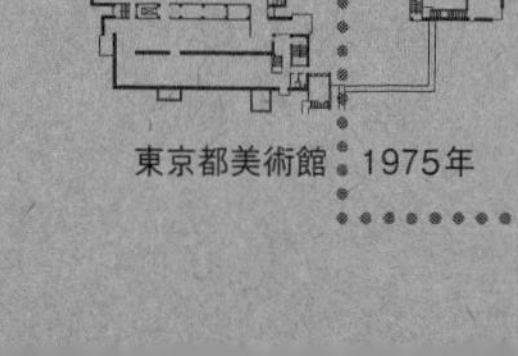

東京都美術館　1975年

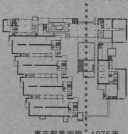

〝市街地内に入れ込む通り抜け〟

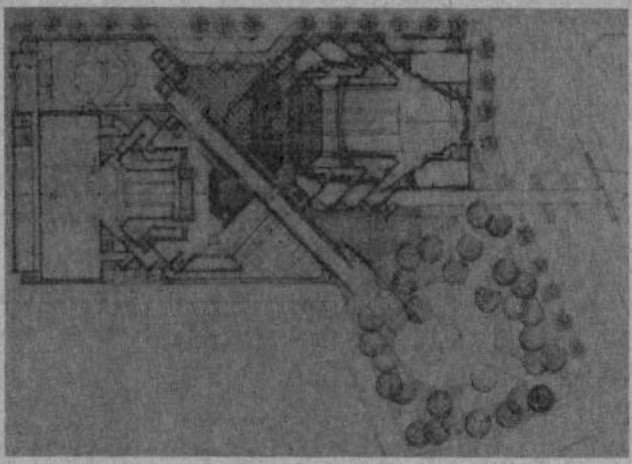

東京都芸術文化センター（計画案）
1975－85年

第6期　1975－1986年

前川國男建築設計事務所の受け皿として前川建築設計事務所を設立。前川没後、前川國男建築設計事務所は前川建築設計事務所に吸収され、現在に至る。

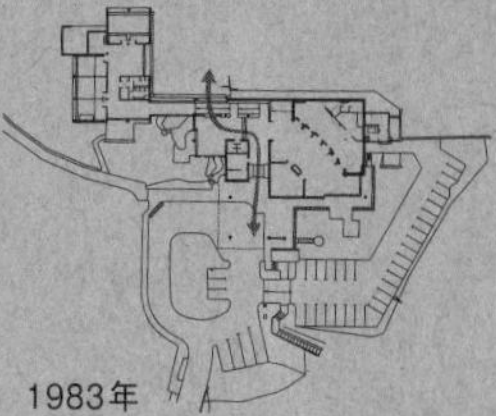

弘前市斎場　1983年

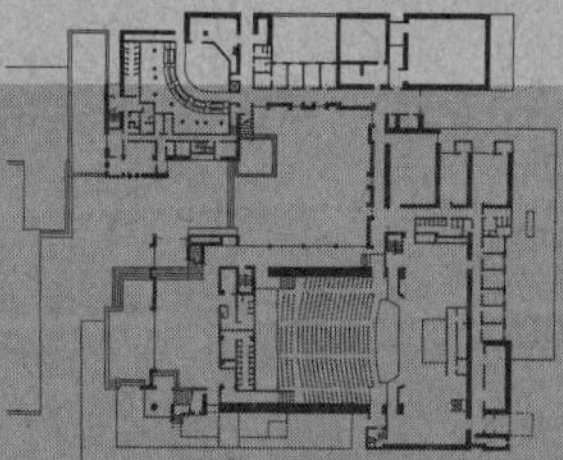

国立音楽大学講堂　1983年

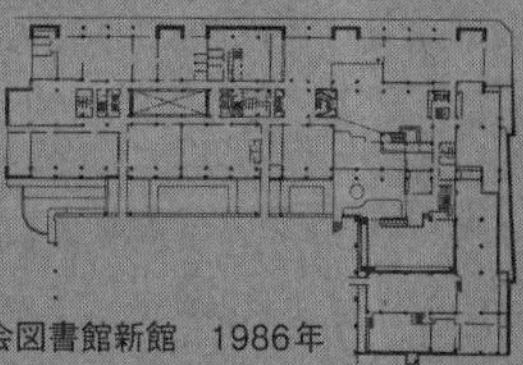

国立国会図書館新館　1986年

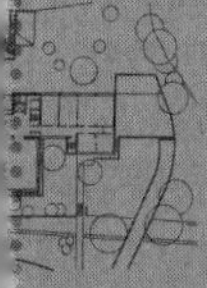

〝単位空間の連続〟
なかなかうまくいかなかった未完のコンセプト

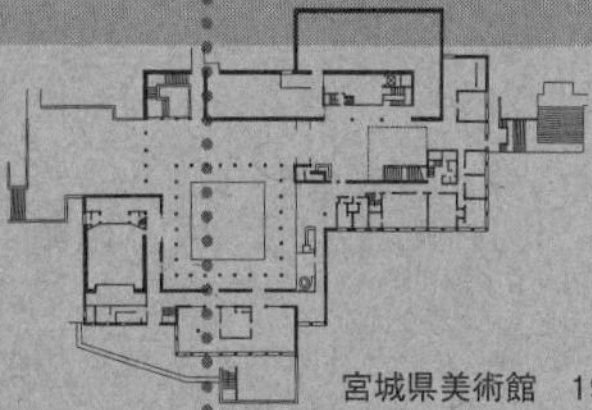

宮城県美術館　1980年

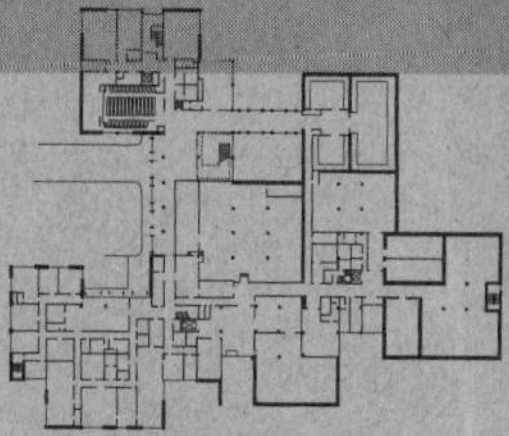

福岡市美術館　1979年

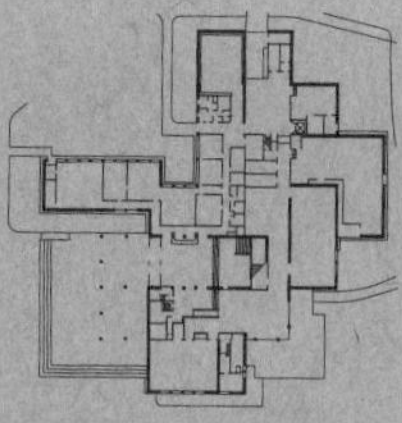

山梨県立美術館　1978年

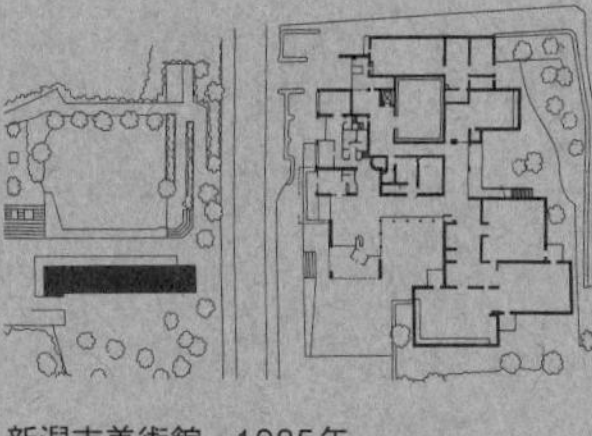

新潟市美術館　1985年

延床面積:5,593㎡
階数:地下1階、地上3階
構造:RC一部S造　打放し

紀伊國屋ビル　1964年
所在:東京都新宿区
建築面積:1,300㎡
延床面積:11,732㎡
階数:地下2階、地上9階
構造:SRC造　打込みタイル

第❺期

埼玉会館　1966年
所在:さいたま市
建築面積:4,422㎡
延床面積:18,163㎡
階数:地下3階、地上7階
構造:SRC造　打込みタイル

ケルン市立東洋美術館　1966−77年
所在:ケルン市
建築面積:3,140㎡
延床面積:3,995㎡
階数:地上2階
構造:RC造　打込みタイル

埼玉県立博物館　1971年
所在:さいたま市
建築面積:4,891㎡
延床面積:10,963㎡
階数:地下1階、地上3階
構造:RC造　打込みタイル

東京海上ビルディング(増築計画を含む)　1974年
所在:東京都千代田区
建築面積:2,245㎡
延床面積:63,120㎡
階数:地下4階、地上25階
構造:S, SRC造　タイル打込みPC
丸の内美観論争に巻き込まれ、ツインタワーの計画が1棟だけ、頂部を切った形で実現。後年、ツインタワー未築の敷地に豆腐のような建物が建つ増築計画を知った前川が、事業主に提示した案。

東京都美術館　1975年
所在:東京都台東区
建築面積:6,844㎡
延床面積:31,562㎡
階数:地下3階、地上2階
構造:RC, SRC, S造　打込みタイル

国際文化会館　1955／1975年
所在:東京都港区
建築面積:2,279㎡
延床面積:3,235㎡
階数:地下2階、地上4階
構造:RC造　打放し+タイル打込みPC
前川國男・坂倉準三・吉村順三合作の建物を増改築。

弘前市立博物館　1976年
所在:青森県弘前市
建築面積:1,339㎡
延床面積:2,040㎡
階数:地上2階
構造:RC造　打込みタイル

熊本県立美術館　1977年
所在:熊本市
建築面積:3,363㎡
延床面積:6,670㎡
階数:地下1階、地上3階
構造:RC造　打込みタイル

第❻期

東京都芸術文化センター(計画案)　1975−85年
これまでのホールで気になっていたホール・ホワイエの解決策を織り込みながら重ねたスケッチ。来訪者の期待をかき立てる「吉原堤のイメージ」の提案。

山梨県立美術館　1978年
所在:山梨県甲府市
建築面積:3,917㎡
延床面積:6,885㎡
階数:地上2階
構造:RC造　タイル打込みPC

福岡市美術館　1979年
所在:福岡市
建築面積:8,543㎡
延床面積:14,525㎡
階数:地上2階
構造:RC造　タイル打込みPC

宮城県美術館　1980年
所在:宮城県仙台市
建築面積:5,915㎡
延床面積:10,597㎡
階数:地上3階
構造:RC一部SRC造　タイル打込みPC

弘前市斎場　1983年
所在:青森県弘前市
建築面積:1,708.5㎡
延床面積:1,637.1㎡
階数:地上2階
構造:RC造　打込みタイル

国立音楽大学講堂　1983年
所在:東京都武蔵村山市
建築面積:5,554.7㎡
延床面積:9,584.64㎡
階数:地下1階、地上4階
構造:RC一部SRC造　打込みタイル

新潟市美術館　1985年
所在:新潟市
建築面積:3,775.88㎡
延床面積:4,745.07㎡
階数:地上2階
構造:RC造　タイル打込みPC

国立国会図書館新館　1986年
所在:東京都千代田区
建築面積:6,081.69㎡
延床面積:71,917.63㎡
階数:地下8階、地上4階
構造:RC, SRC, S造　タイル打込みPC・打込みタイル

あとがき

建築は、さまざまな人々がかかわり、つくり上げられる。良い建築というものは、かかわる人々の信頼の下に生まれ、育てられるのだ。私は「信頼はそれぞれの存在を認め合うところから生まれる」を信条に、建築活動をしている。信頼し合うには、互いを知ることが大事。まずは己を知ることであるが、これが難しい。他者にも己にも同じ目線でメモを取り、そのメモをつき放して客観化し、組み立て直す方法でそれぞれの立場を理解するように努めている。こうした思考は建築活動を通し培われたものだ。

私は、幸か不幸か仕事の巡り合せで、建築づくりの始めから終わりまで通しでかかわることが多く、その反面、かかわった建築の数は少ない。新築では5作品、新築以外では前川さんの没後、先輩たちが手掛けてきた神奈川県立図書館・音楽堂、東京文化会館、京都会館、東京都美術館、岡山県庁舎の改修や旧前川邸の復元等に携わった。

私の建築修業は、中学時代に端を発する。小学生でガラスを切る技術を身につけ、中学生の時は、方眼紙に描いた図面に合わせてガラスを切り、接着剤で貼り合わせて五重塔や国会議事堂をつくっていた。こうした遊びを通して古い建物に関心を持つようになり、京都・奈良の修学旅行では深い感動を覚えた。大学は、伝統建築に詳しい大岡実先生がおられた横浜国立大学に進んだ。大学2年の夏休みに、早くから水の汚染問題に取り組んでおられた山越邦彦先生のご指導で友人4人と三鷹で合宿し、昼間は穴を掘って浄化槽をつくり、その仕事の対価を生活費に充てながら40日余りを過ごした。夕食後は山越先生から近代建築の歴史を学び、そこに前川國男が登場してくる。これがきっかけで、伝統建築から近代建築に関心が移り、前川事務所の門を叩くことになる。

大学1年からA1のケント紙に描いていた設計課題のエスキースを二つ折りで背張りしたものを担いで前川事務所を訪ねたが、前川さんはUIAの会議で日本にはおられず、お会いできたのはかなり時間が経ってからであった。初めてお会いした時、2階の吹抜けの部屋に案内された私からは、3階から下りてこられて目の前に座られた前川さんの顔は逆光でよく見えず、そのまま面談は3時間以上に及んだ。事務所に入ってすぐ、前川さんから「7年で育つかな、10年はかかるだろうな。最初の10年は教えてあげる。月謝をもらいたいぐらいだ。その後の10年は事務所のために働き、あとの10年は自分のために時間を使いなさい」と言われた。最初に用意された席は、各柱間に対向で8席配置されたグループのうち、所長室に最も近いグループだ。4人に1台の電話があったが、入所当初は電話にも出られないほど緊張していた。まわりには、建築雑誌で名前を見た先輩たちがいるのである。前川さんが所長室から出てこられると製図室全体が緊張し、凛とした空気に変わった。前川さんが所員のところを順次回り、トレーシングペーパーが重なっているスケッチを繰りながら指示を出す。私のところはしばらくの間、素通りであった。この時前川さん60歳、私の前川事務所での活動が始まった。

建築はどのようにでき上がってくるのだろう。ぜひ全体をつかみたいと思った。前川さんが言うことをメモに取り続けた。前川さんが発する言葉に解説はなく、先輩たちの解釈も異なった。前川さんの一言がきっかけで議論が始まり、プランが動く。そうやって前川建築はつくられていった。前川さんとの21年間、その後合わせて48年間前川事務所に籍を置き、実践を通じて考えてきた前川建築の本質は、初期の旧前川邸にすでに盛り込まれていたのだと、近年理解できるようになった。そういえば、スケッチを重ね壁にぶつかり、それを乗り越えようともがき、やっとのことで新たな段階が開けたと思いきや、元に戻っていることが多々ある。最初の思いは全体の大枠をとらえていることが多いが、その枠から飛び出して新たな世界をつかむ難しさがある。前川さんはそれを生涯繰り返し、自分の、社会の枠を広げようと闘ったのだと思う。当たり前の状態から抜け出し、新たな世界に身を置きたいと思う本能としての欲求。それをかなえるには、真に信頼し合える仲間の一言がきっかけになる。今日の私をつくり上げてくださった多くの仲間たちに、あらためて感謝を申し上げるとともに、私の建築活動に一言の苦情も言わず支えてくれた妻伊代子と子どもたち、今は亡き父母に謝意を捧げたい。加えて、本書をまとめるに当たりお世話になった彰国社の鷹村暢子さんと編集者の佐藤雅夫氏に深く感謝申し上げる。

２０１５年 立春を過ぎて小雪が舞う日に

中田準一

中田 準一（なかた　じゅんいち）

（公社）日本建築家協会名誉会員

1940年、東京に生まれる。1965年に横浜国立大学工学部建築学科卒業後、1965～2013年、（株）前川國男建築設計事務所勤務。

前川國男建築設計事務所での設計・監理作品：埼玉会館外構、埼玉県立博物館、熊本県立美術館、国立国会図書館新館

前川國男建築設計事務所での保全（補修・改修）および復元業務：神奈川県立音楽堂改修 、埼玉県立博物館改修、熊本県立美術館改修、東京文化会館近代化整備改修、国立国会図書館東京本館改修、岡山県庁舎西棟耐震改修、旧前川國男邸復元

個人としての設計・監理作品：中田自邸

職歴：（株）前川國男建築設計事務所取締役、建築家賠償責任保険審議委員会委員長、（公社）日本建築家協会副会長・災害対策委員会初代委員長、NPO耐震総合安全機構（JASO）初代理事長、東京理科大学/大学院非常勤講師（1977～2006年）　現在：（一社）災害総合支援機構機構長

前川さん、すべて自邸でやってたんですね

前川國男のアイデンティティー

2015年 5月10日　第1版 発　行
2018年 5月10日　第1版 第3刷

著作権者との協定により検印省略

著　者	中　田　準　一
発行者	下　出　雅　徳
発行所	株式会社　彰　国　社

162-0067 東京都新宿区富久町8-21
電話　03-3359-3231（大代表）
振替口座　00160-2-173401

自然科学書協会会員
工 学 書 協 会 会 員

Printed in Japan

印刷：真興社　製本：プロケード

ISBN 978-4-395-32040-0 C3052　http://www.shokokusha.co.jp